나의 첫 세계사 여행
인도·동남아시아

전국역사교사모임 지음 | **송진욱** 그림

초대하는 글

너의 첫 세계사 여행을 위한 좋은 길잡이

안녕! 얘들아, 어서 와. 세계사는 처음이지? 다들 알겠지만 역사는 '과거'로 떠나는 여행이야. 먼 과거는 지금하고는 사뭇 다른 낯선 곳이지. 낯설고 새로운 곳을 찾아가는 건 언제나 가슴 설레고 재미있지만, 또 두렵고 어려운 일이기도 해.

한국사는 우리나라 안에서 이야기가 전개되지만, 세계사는 드넓은 세계를 배경으로 하기 때문에 더욱 어렵게 느껴져. 사람들은 저마다 살고 있는 곳의 지형이나 기후, 문화에 많은 영향을 받으며 살아가기 때문에 그들이 사는 공간을 아는 건 매우 중요해. 문제는, 세상은 너무 넓고 사람들도 너무 많다는 거야.

세계사를 공부하려면 시간이라는 세로축과 공간이라는 가로축 안에 사람과 사건을 자리매김할 수 있어야 해. 솔직히 시간의 흐름을 따라가기도 벅찬데, 그 일이 있었던 공간까지 염두에 두어야 하니 머리가 아플 수밖에. 제대로 된 지도와 나침반이 없다면 수많은 사건과 지명 속에서 금방 길을 잃어버리기 십상이지.

그래서 '초등학생들에게 세계사는 무리'라고 생각하는 사람들도 있어. 학교 공부에서도 세계사는 중학교에 가서야 배우지. 하지만 꼭 그럴까? 자기 나라 역사보다 세계사를 먼저 배우는 나라도 있대. 유럽 국가 대부분은 초등학교에서 처음 역사를 배울 때, 자기 나라 역사가 아닌 '이집트 문명'부터 시작한다고 해.

역사를 배우는 목적은 다양한 사람들의 삶의 경험을 통해 보다 나은 삶을 생각해 보는 거야. 그렇다면 우리 조상들의 경험뿐만 아니라 더 넓은 세계, 더 다양한 사람들의 경험을 일찍부터 살펴보는 게 의미 있지 않을까? 그만큼 시야가 넓어질 테니까 말이야. '세계화' 시대이기도 하잖아.

물론 그러기 위해서는 친절하고 능력 있는 길잡이가 필요하겠지. 서점에 가 보면 어린이를 위한 세계사 책이 꽤 많이 나와 있어. 좋은 책도 있지만, 어린이들이 읽기에 버거운 책이 많은 것도 사실이야. 흥미 위주로 너무 가볍게만 세계사를 소개한 책들도 있지. 이런 책으로 세계사를 접하다가 자칫 길을 잃고, 세계사에 대한 흥미까지 잃어버릴까 봐 걱정이 되기도 해.

이 책은 처음 세계사를 여행하려는 어린이들을 위해 새롭게 쓴 책이란다. 친절하고 능력 있는 길잡이, 훌륭한 지도와 나침반이 되기 위해서 말이야. 전국 2000여 명의 선생님들이 머리를 맞대고 함께 공부하는 '전국역사교사모임'에서 이 책을 펴내기로 했고, 초등학교 선생님 두 분과 중학교 선생님 두 분이 함께 글을 썼지.

중학교 선생님 두 분은 오랫동안 세계사를 가르쳐 왔기 때문에 너희가 나중에 중학교에 가서 어떤 내용을 배우게 될지 잘 알고 계셔. 초등학교 선생님 두 분은 오랫동안 초등학생을 가르치며 함께 생활해 왔기 때문에 너희의 눈높이를 잘 알고 계시지. 그래서 초등학교 5~6학년의 눈높이에 맞춰 중학교에서 배울 세계사 내용에 대비할 수 있는 책을 썼단다. 중학교 '역사' 과목에서 만날 세계사 내용을 쉽고 재미있게, 보다 풍부하게 미리 배울 수 있도록 말이야.

하지만 오랜 경험을 가진 선생님들도 새로운 어린이 세계사 책을 쓰는 게 쉽지만은 않았어. 오랜 시간 고민하고 토론한 끝에, '어린이를 위한' 세계사라면 세계 전체를 한꺼번에 다루면서 지역을 넘나드는 일반적인 책들과는 달라야 한다고 생각했지. 공간에 대한 이해가 부족한 상황에서 아이들이 세계를 이리저리 넘나들기는 무리라고 판단했기 때문이야.

그래서 지역을 나누어 네 권으로 구성하기로 했어. 유럽과 아메리카 지역을 한 권에 묶고, 우리와 가까운 중국과 일본은 따로, 인도와 동남아시아 지역도 따로 묶어 한 권, 그리고 중앙아시아와 서아시아, 아프리카 지역을 아울러서 한 권으로 쓰게 되었지. 물론 이렇게 하면 '세계사'가 아니라 '지역사'가 되겠지만, 일단 권마다의 지역 역사를 재미있게 읽어 나가다 보면, 네 권을 다 읽었을 때 자연스럽게 '세계사'로 모아질 수 있을 거야.

이렇게 책을 나누어도 해당 지역, 공간에 대한 이해가 쉽지 않을 것 같아서 '출발! 세계 속으로'라는 꼭지를 따로 두었어. 시대마다 중요한 도시나 지역을 정하고, 지금 그곳의 역사 흔적을 여행한다면 어떤 모습일지 꾸며 본 거야. 세계사는 과거로 떠나는 여행이기도 하지만, 세계로 떠나는 여행이기도 하니까 말이야. 나중에 이 책을 들고 해당 도시나 지역을 직접 찾아가 볼 수 있으면 더 좋겠지.

역사는 다양한 과거 사람들의 이야기를 담고 있지만, 주로 왕이나 높은 계급, 특별한 사람들의 이야기가 많아. 그들은 모두 어른들이지. 하지만 과거에도 어린이들이 있었고, 그 어린이들도 매일매일을 열심히 살았을 거야. 지금

너희처럼 말이야. 그래서 과거에 살았던 어린이 친구들의 이야기를 담은 '어린이들의 세계사' 꼭지도 특별히 만들었어. 쉽지는 않았단다. 역사 이야기는 대부분 어른들이 쓴 어른들 이야기거든. 그 속에 숨겨진 세계 어린이들의 이야기를 발굴해 우리 친구들에게 소개할 수 있다는 건 꽤 자랑할 만한 일이라고 생각해.

복잡하고 어려운 설명은 최대한 줄였기 때문에 초등 고학년이면 누구나 이 책을 술술 재미있게 읽어 나갈 수 있을 거야. 글을 최대한 쉽고 짧게 쓰려고 노력했거든. 펼친 페이지 한 쪽마다 주제 하나씩을 실어 한눈에 보이도록 구성하고, 재미있는 그림과 신기하고 멋진 사진도 많이 실으려고 노력했어. 물론 내용도 알차단다. 이 책만으로 세계사의 핵심 내용을 충분히 얻을 수 있도록 애를 썼으니까. 본문에서 미처 다 다루지 못한 흥미로운 내용은 '한 걸음 더!'라는 꼭지에 덧붙여 두었으니 빠뜨리지 말고 읽어 보렴.

처음 어린이를 위한 세계사 책을 내기로 한 지 꼬박 5년이 지났네. 그만큼 많이 고민하고 오랫동안 여러 번 고쳐 쓴 만큼, 너희에게 재미있고 유익한 책이 되었으면 하는 바람이 간절해. 부디 이 책이 낯설고 어렵지만 설레고 재미있는 첫 세계사 여행에 훌륭한 길잡이가 되었으면 해.

자, 그럼 이제 우리 첫 세계사 여행을 떠나 볼까?

2018년 7월
전국역사교사모임
이강무 · 이성호 · 황은희 · 김성전

인도

차례

1 인도 문명의 탄생과 국가의 성립
인더스강 유역에 꽃핀 도시 문명, 인더스 문명   16
인더스강 유역의 도시, 모헨조다로   18
아리아인이 이동해 오다   20
카스트 제도와 브라만교가 생겨나다   22

출발! 세계 속으로 매력적인 나라, 인도   24
한 걸음 더! 거인 푸루샤의 몸에서 나온 네 신분   26

2 통일 제국의 출현과 불교의 유행
크샤트리아와 바이샤가 성장하다   30
새로운 빛과 같은 불교가 탄생하다   32
마우리아 왕조, 북인도를 최초로 통일하다   34
쿠샨 왕조, 대제국을 건설하다   36

출발! 세계 속으로 석가모니의 고향, 네팔의 룸비니   38
한 걸음 더! 헬레니즘 문화와 인도 문화의 만남, 간다라 미술   40

3 힌두교와 이슬람교, 다양한 문화의 발전
굽타 왕조, 북인도를 다시 통일하다   44
힌두교가 널리 퍼지고, 문화가 발전하다   46
이슬람 세력이 들어오다   48
남부 인도의 강자, 촐라 왕조   50

출발! 세계 속으로 아잔타 석굴과 엘로라 석굴   52
한 걸음 더! 힌두교의 세 신과 《라마야나》   54

4 무굴 제국의 등장과 번영
칭기즈 칸의 후손, 무굴 제국을 세우다   58
무굴 제국, 전성기를 이루다   60
경제적 번영에서 꽃핀 무굴 문화   62
흔들리는 무굴 제국   64

출발! 세계 속으로 힌두 이슬람 문화의 꽃, 타지마할   66
한 걸음 더! 평화를 위한 바부르의 가르침   68

5 영국의 식민지가 된 인도

영국 동인도 회사, 인도 곳곳을 차지하다 72
인도, 영국의 상품 시장이 되다 74
세포이들이 들고일어나다 76
영국, 분리 정책으로 인도를 다스리다 78

출발! 세계 속으로 **인도의 수도 델리를 찾아서** 80
한 걸음 더! **인도의 잔 다르크, 락슈미바이** 82

6 인도의 독립 운동

인도 국민 회의, 반영 운동의 중심에 서다 86
간디, 불복종 운동을 벌이다 88
독립을 향한 다양한 운동이 일어나다 90
2차 세계 대전과 인도의 독립 92

출발! 세계 속으로 **식민지 흔적이 남아 있는 콜카타** 94
어린이들의 세계사 **세상에서 가장 슬픈 결혼, 조혼** 96
한 걸음 더! **간디는 왜 물레를 돌렸을까?** 98

7 독립 이후 발전하는 인도

인도, 두 나라로 분리 독립하다 102
민주주의와 경제 발전을 위해 노력하다 104
더 부강한 나라를 꿈꾸는 인도 106
인도 사회에 일어난 변화의 바람 108

출발! 세계 속으로 **인도의 눈물, 스리랑카** 110
어린이들의 세계사 **이크발의 외침, "어린이는 어린이로서 살 권리가 있다!"** 112
한 걸음 더! **오래전부터 교류해 온 인도와 한국** 114

차례

동남아시아

8 중국의 지배를 받은 북부 베트남

베트남에 첫 국가가 세워지다 120
북부 베트남, 중국의 지배를 받다 122
힌두 문화가 꽃핀 참파 124

출발! 세계 속으로 베트남은 어떤 나라예요? 126
한 걸음 더! 중국에 맞서 싸운 쯩짝·쯩니 자매 128

9 동남아시아의 강자가 된 베트남

세계 제국 몽골의 침략을 물리치다 132
베트남의 황금기, 대월 134
독자적인 베트남 문화를 만들다 136

출발! 세계 속으로 옛 모습 그대로를 간직한 항구 도시, 호이안 138
한 걸음 더! 고려에 온 베트남 왕자, 이용상 140

10 강대국의 식민 지배에 맞서 싸운 베트남

베트남의 마지막 왕조, 응우옌 왕조 144
베트남, 프랑스의 식민지가 되다 146
독립 운동을 펼치는 베트남 148
일본을 물리치고 독립 국가를 세우다 150
게릴라 전술로 프랑스를 이기다 152

출발! 세계 속으로 동양의 파리, 호찌민시 154
어린이들의 세계사 평화의 꽃을 꽂은 소녀, 보티사우 156
한 걸음 더! 베트남의 민화 158

11 전쟁의 상처를 딛고 도약하는 베트남

미국을 물리치고 통일을 이루다 162
전쟁의 상처를 딛고 일어선 베트남 164
새로운 도약을 준비하다 166

출발! 세계 속으로 과거와 미래가 함께하는 도시, 하노이 168
한 걸음 더! 미안해요! 베트남 170
어린이들의 세계사 벌거벗은 채 거리를 달린 네이팜탄 소녀 172
한 걸음 더! 베트남 국민들의 존경을 한몸에 받는 호 아저씨 174

12 동남아시아에 들어선 여러 왕조들

해상 무역을 통해 발전한 푸난 178
앙코르 왕조, 힌두 문화를 꽃피우다 180
인도네시아에서 꽃핀 불교 왕국, 스리위자야 182

출발! 세계 속으로 세계의 불가사의, 앙코르 와트 184
출발! 세계 속으로 세계 최대의 불교 사원, 보로부두르 186

13 서로 경쟁하며 발전한 동남아시아 왕조들

타이 왕조, 불교 문화를 꽃피우다 190
미얀마의 왕조, 아유타야를 정복하다 192
이슬람 왕국, 믈라카 194

출발! 세계 속으로 목 잘린 불상이 있는 아유타야 196
어린이들의 세계사 아침 일찍 탁발하는 태국의 어린 승려들 198

14 서양 세력과 일본의 침입을 받은 동남아시아

유럽 세력에게 무역권을 빼앗기다 202
동남아시아에 칠해진 유럽의 색깔 204
태국, 대나무 외교로 독립을 유지하다 206
동남아시아, 독립을 위해 싸우다 208
일본에게 점령당한 동남아시아 210

출발! 세계 속으로 말레이시아 역사를 한눈에 볼 수 있는 믈라카 212
한 걸음 더! 서로 다른 문화가 만나 만들어진 페라나칸 214

15 동남아시아의 현재와 미래

정치적 혼란이 계속된 태국 218
'피플 파워'를 보여 준 필리핀 220
눈부신 경제 발전을 이룬 싱가포르 222
다양한 문화가 공존하는 인도네시아 224
아세안과 동남아시아의 미래 226

출발! 세계 속으로 기차를 타고 말레이 반도를 여행해요 228
어린이들의 세계사 킬링 필드에 묻힌 캄보디아 어린이들 230
한 걸음 더! 다양한 인종과 문화가 어우러진 오스트레일리아 232

연표 234
찾아보기 240

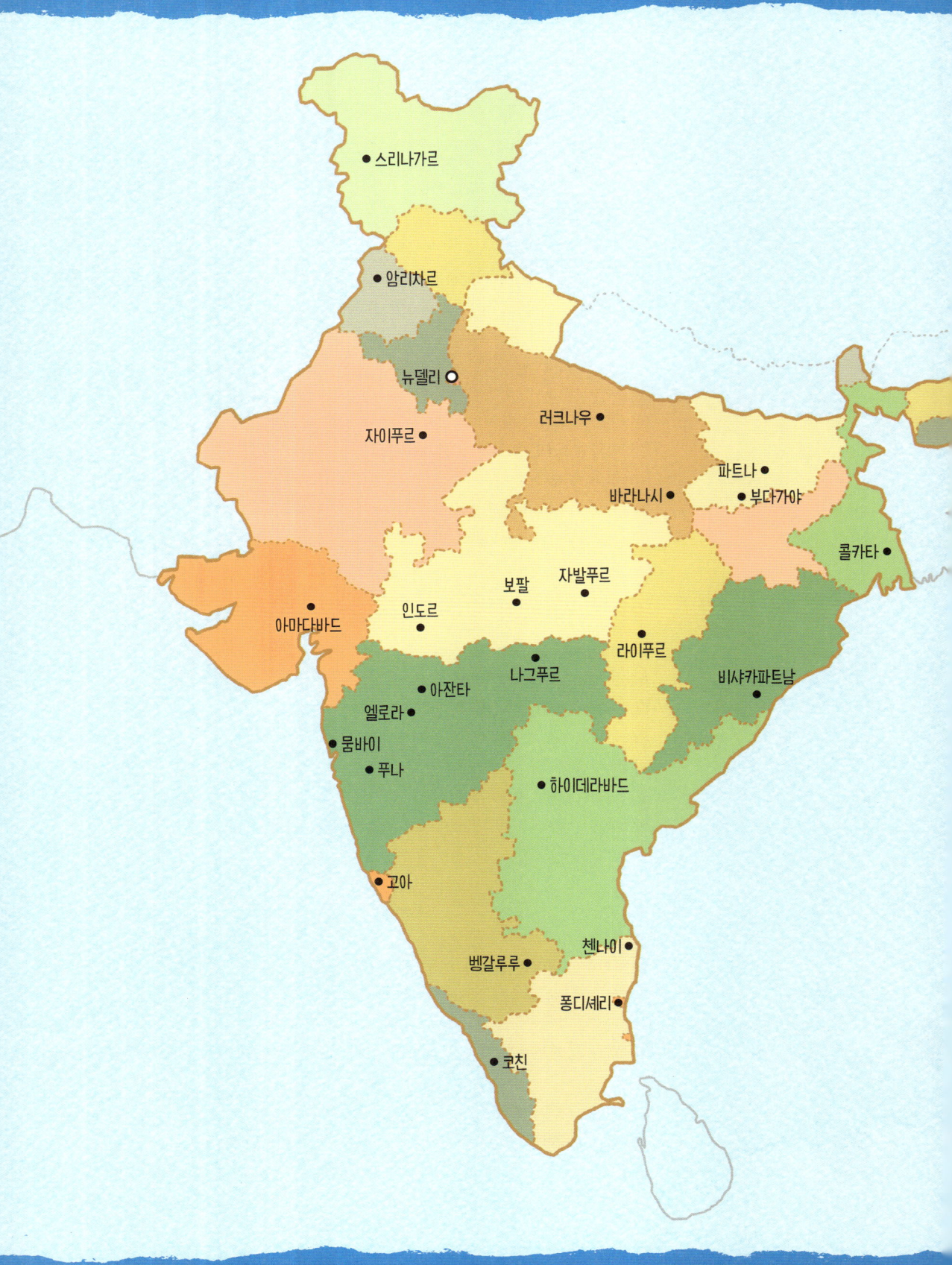

인도

'인도' 하면 뭐가 떠오르니? 카레, 석가모니, 간디, 힌두교, 카스트 제도? 넓은 땅과 많은 인구도 떠오른다고? 인도는 우리에겐 조금은 낯선 나라이지만, 전 세계 사람들이 꼭 한 번 여행하고 싶어 하는 나라란다. 알면 알수록 매력적인 나라거든. 때론 낯선 모습에 고개를 갸우뚱하기도 하겠지만, 찬찬히 들여다보면 인도의 오랜 역사와 전통을 느껴 볼 수 있게 될 거야. 인도 사회에 깊숙이 자리했던 독특한 신분 제도, 관습과 전통, 인도의 종교, 인도 땅에 들어선 여러 왕조들, 그리고 서양 세력의 침입과 그에 맞선 저항과 독립, 새로운 변화와 성장을 위한 다양한 노력들을 만나러 출발해 볼까?

자, 이제 본격적인 인도 여행을 시작해 볼까? 넓디넓은 인도 땅에서 가장 먼저 여행할 곳은 인더스강 유역이야. 청동기 도시 문명이 탄생한 곳이지. 당시 도시의 모습은 어땠을까? 또 이후 새롭게 인도 북서부를 차지하고 인도 역사의 새로운 주인공으로 등장하는 사람들은 누구일까? 인도에서 카스트 제도는 왜 만들어진 걸까? 조금 낯선 이야기들이지만 인도를 이해하게 되는 첫걸음이니 잘 따라오렴.

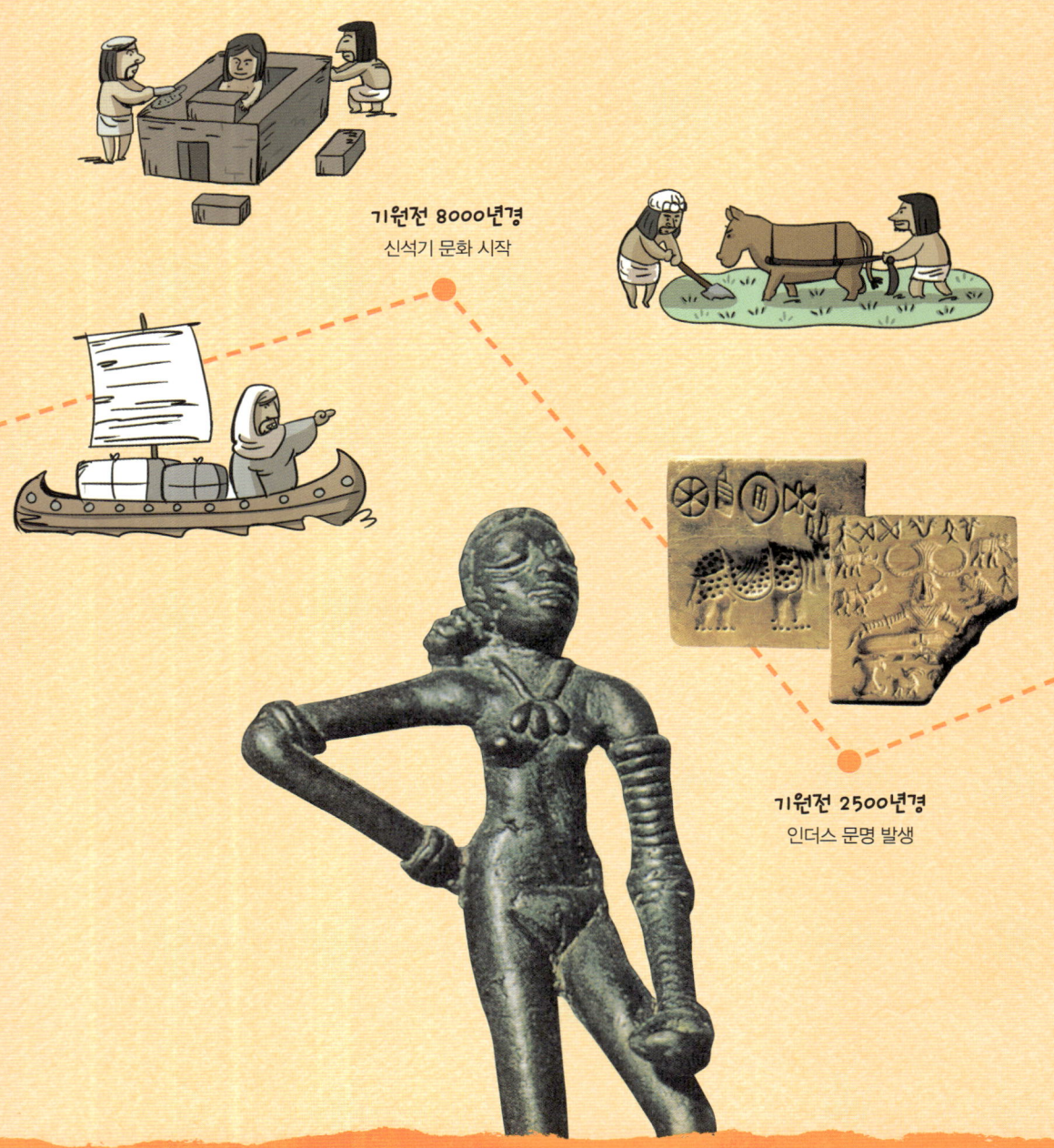

기원전 8000년경
신석기 문화 시작

기원전 2500년경
인더스 문명 발생

1

인도 문명의 탄생과 국가의 성립

기원전 1500년경
아리아인, 인더스강 유역으로 이동

기원전 800년경
브라만교, 카스트 제도 성립

인더스강 유역에 꽃핀 도시 문명, 인더스 문명

인도는 아시아 대륙 남쪽에 있어. 워낙 영토가 넓어 하나의 독립된 대륙인 '인도 아대륙'이라고 부르기도 하지. 이곳에 사람이 살기 시작한 것은 기원전 50만 년 전이야. 기원전 8000년경에는 여기저기 떠돌며 살던 사람들이 인더스강 유역에 자리를 잡고 농사를 짓기 시작했어.

"인더스강은 하늘이 우리에게 준 선물이야. 땅이 기름져 농사를 짓고 살기에 참 좋은 곳이지!"

북쪽에 있는 높디높은 히말라야 산맥은 겨우내 하얀 눈으로 뒤덮였어. 봄이 오면 쌓인 눈이 녹아내려 인도 북서쪽 강줄기를 따라 흘러갔지. 때론 강물이 넘쳐 홍수가 나 힘들기도 했지만 반대로 산기슭에서 쓸려 내려온 영양분 많은 흙이 강 주변에 쌓여 기름진 땅으로 변했어.

"올해는 농사가 풍년인걸!"

"보리와 콩을 수레에 싣고 이웃 마을로 갑시다."

인더스강 유역 크고 작은 산들이 차가운 바람을 막아 주고, 강 주변 땅이 비옥해 사람들이 농사짓고 살기에 좋은 곳이었어.

인더스 문명 기원전 2500년경 인더스강 유역에 청동기 도시 문명이 탄생했어. 이곳에 살던 사람들은 육로나 강줄기를 이용하거나 아라비아해로 드나드는 배를 이용해 교역했단다.

사람들은 수확한 곡식과 틈틈이 만든 농기구, 토기 등을 주변 마을에 가서 팔기도 했어.

상인들의 활동이 활발해지면서 인더스강 주변에는 더 많은 사람이 모여들었지.

"강 주변에 도시를 건설합시다. 도로도 놓고, 건물도 지읍시다."

기원전 2500년 무렵 인더스강을 따라 200여 개의 도시가 들어섰어. 대표적인 곳이 바로 모헨조다로와 하라파야. 이곳은 다른 어느 지역의 도시보다도 계획적으로 잘 정비되었어. 주변 지역과 교역을 하면서 도시는 더욱 발달했지.

이렇게 해서 만들어진 인더스강 주변의 청동기 도시 문명을 '인더스 문명'이라고 불러. '인디아(India)'라는 나라 이름도 '인더스(Indus)'에서 온 말이야.

인더스강 유역의 도시, 모헨조다로

인도가 영국의 식민지였던 1856년, 철도 공사가 한창 진행 중인 인더스강 주변에서 토기와 돌로 만든 도구들이 발견되었어. 얼마 후 청동기 시대에 만들어진 거대한 계획 도시가 모습을 드러냈지. 이름을 알 수 없던 곳에서 수많은 사람의 뼈가 발견되자 사람들은 도시 이름을 '모헨조다로'라고 붙였어. '죽은 자의 언덕'이라는 뜻이지.

도시는 높은 성벽으로 둘러싸였는데, 규모도 제법 컸단다. 성벽을 한 바퀴 도는 데 어른 걸음으로 2시간이 넘게 걸릴 정도니까. 모헨조다로에는 4만여 명의 사람들이 살았을 것으로 추정되고 있어.

바둑판 모양으로 잘 정비된 도시에는 건물 사이사이마다 도로가 곧게 뻗어 있었단다. 이곳에 살던 사람들은 주로 구운 벽돌로 성벽과 건물들을 만들었지. 대부분의 건물 안에는 목욕탕이 있었고, 집집마다 상하수도 시설이 잘 갖추어져 있었어. 수세식 화장실을 갖춘 집도 있었는데, 벽돌로 만든 관을 통해 오물을 흘려 내보냈다고 해.

모헨조다로 유적 도시에는 종교와 행정의 중심지였던 성채가 우뚝 솟아 있고, 그 안에 관공서와 큰 광장, 커다란 목욕탕, 곡물 창고가 갖추어져 있었어. 곧게 뻗은 도로를 따라 크고 작은 집과 상점들도 들어서 있었지.

인더스 문명이 얼마나 발달한 도시 문명이었는지 짐작할 수 있겠지? 당시 세계 어느 지역에도 이 정도의 시설을 갖춘 도시는 없었어.

"도기를 만드는 사람, 벽돌을 굽는 사람, 옷감을 짜는 사람과 같은 훌륭한 기술자들은 우리의 자랑이오."

상인들은 배와 수레에 물건을 가득 싣고 이웃인 메소포타미아 지역은 물론, 멀리 중앙아시아까지 찾아가 팔았어. 목화에서 뽑은 실로 짠 면직물이 가장 인기 있었다고 해.

인더스강 유역의 도시에서는 네모난 모양의 인장이 발견되었어. 상인들이 물건을 건네받을 때 확인증에 찍어 주거나, 자신이 만든 물건에 표시하기 위해 찍었을 거라고 추정하고 있지. 통행증이나 부적으로 사용했을지도 몰라. 신기하게도 비슷한 인장이 메소포타미아 지역에서도 발견되었어. 이는 두 지역이 교류했음을 보여 주는 증거라고 할 수 있지.

인더스 인장 인더스강 주변과 메소포타미아 지역에서 발견되었어. 당시 사람들은 인장에 숭배의 대상으로 여겨지는 것을 새겨 놓았어. 여신은 땅과 같은 존재, 황소는 힘을 상징하지. 코끼리, 보리수나무, 소도 숭배의 대상이었어. 인장의 그림 문자는 아직 해독되지 않아 그 뜻을 알 수 없어.

모헨조다로의 춤추는 소녀상 오늘날 인도인의 대부분을 이루는 아리아인의 얼굴 생김새와는 많이 다른 모습이야. 인도 남부에 살고 있던 드라비다 계통의 사람으로 여겨지고 있어.

1 인도 문명의 탄생과 국가의 성립

아리아인이 이동해 오다

"저 사람들은 누구예요?"

"글쎄, 못 보던 사람들인데? 얼굴은 하얗고, 코는 높은데다, 덩치도 큰데……."

기원전 1500년경 인더스강 유역에 새로운 민족이 이동해 왔어. 유목 생활을 하던 아리아족이었지. 인구가 늘어나자 페르시아 북부에 살던 아리아인들이 새로운 초원을 찾아 이곳까지 오게 된 거야.

인더스강 유역은 이들에게 너무도 매력적인 곳이었어. 기름진 땅과 풍부한 물, 그리고 사람들이 살기에 좋은 조건을 갖춘 도시가 발달해 있기 때문이지.

아리아족은 처음에는 인도 원주민들과 잘 어울려 지냈어. 하지만 아리아인이 점점 더 많이 이동해 오면서 인도 원주민들은 위협을 받게 되었지.

"우리가 살기 위해서는 저들을 쫓아내야 합니다."

"강력한 무기와 전차를 가진 아리아인들을 당해 낼 수가 없으니, 이를 어쩐다."

마하바라타 전투
아리아인들이 인도에 들어와 여러 왕국을 세울 때의 이야기가 담긴 기록 중 전투 장면이야.

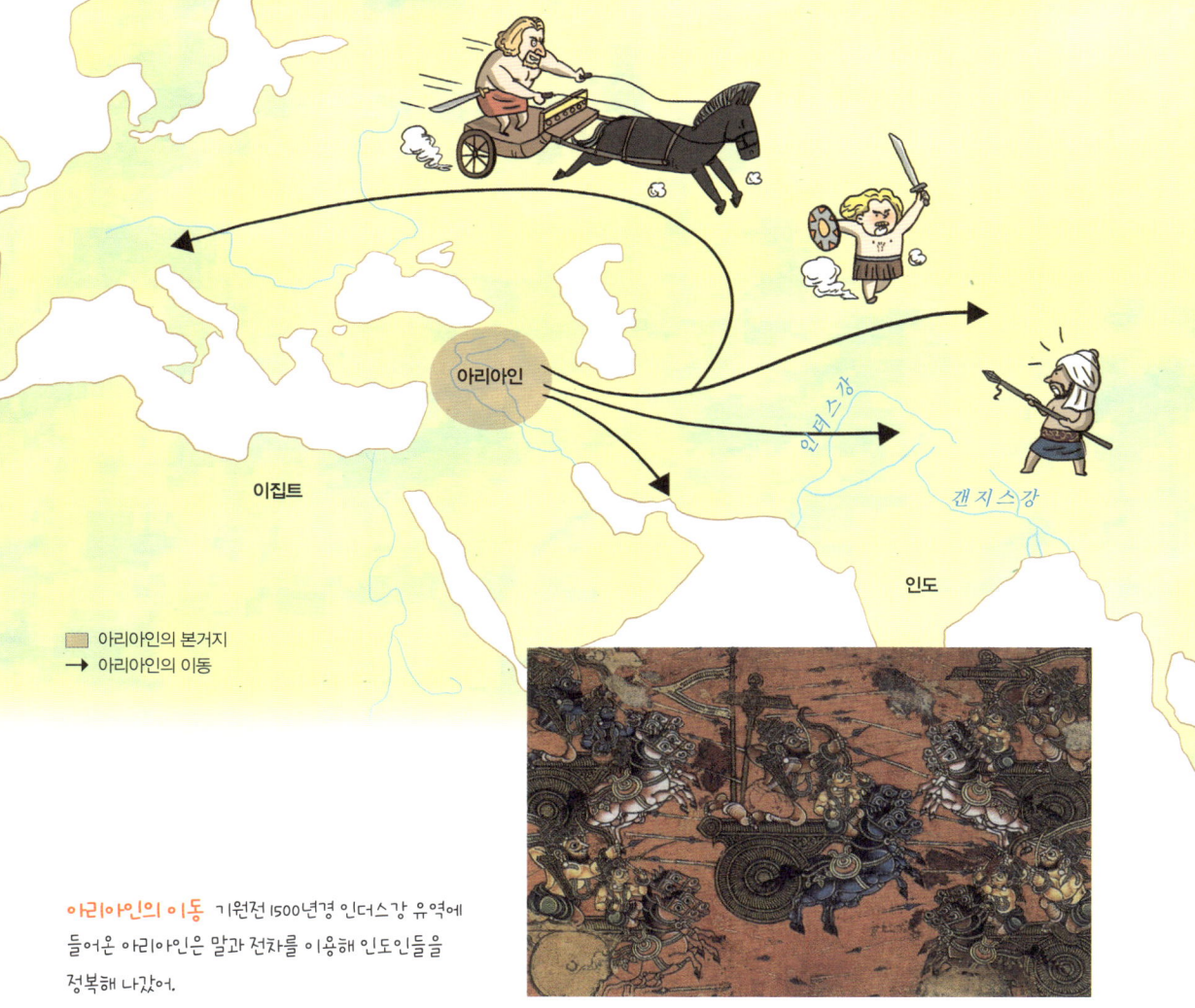

아리아인의 이동 기원전 1500년경 인더스강 유역에 들어온 아리아인은 말과 전차를 이용해 인도인들을 정복해 나갔어.

인도 원주민들은 아리아인들에 쫓겨 남쪽으로 내려갔어. 이제 아리아인들은 인도 북서부 지역을 차지하고 인도 역사의 새 주인공으로 나섰지.

"인구가 늘어나니 또다시 새로운 땅이 필요하군. 동쪽으로 갑시다!"

아리아인들은 차츰 인더스강을 넘어 기름진 평야가 발달한 동쪽 갠지스강 유역까지 이동해 갔어. 이즈음 철제 농기구를 사용하게 되면서 더 많은 곡식을 생산하게 되었지. 먹고 남은 곡식과 물건들을 주변 마을에 내다 팔면서 상업과 교역이 더욱 발달했고, 더 많은 도시가 생겨났어. 기원전 800년경에는 도시를 중심으로 여러 국가가 생겨났단다.

카스트 제도와 브라만교가 생겨나다

"우리는 고귀한데 어찌 저들과 같이 어울려 살 수 있겠어. 저들을 노예로 부리면 모를까."

인도를 정복한 아리아인들은 원주민과 자신들을 구분했어. 브라만, 크샤트리아, 바이샤, 수드라 등 크게 네 신분으로 구분했지. 이 제도를 '바르나 제도'라고 불러. 바르나는 '색깔'이라는 뜻이지. 피부색을 기준으로 구분한 거야. 뒷날 유럽인들은 이를 '카스트 제도'라고 불렀지.

시간이 지나면서 차별은 더욱 심해졌어. 태어나면서부터 신분이 정해졌고, 그에 따라 생활 방식과 사는 곳도 달라졌거든.

"저들과는 옷깃도 스치면 안 돼. 내 물건에 손도 대지 못하게 해야 해."

네 신분에 들지 못하는 가장 낮은 하층민도 있었는데, 이들을 '불가촉천민'이라고 했어. 접촉하면 안 되는 사람들로 여겨졌던 이들은 사람으로 대접받지 못했을 뿐더러 천한 일을 담당했지.

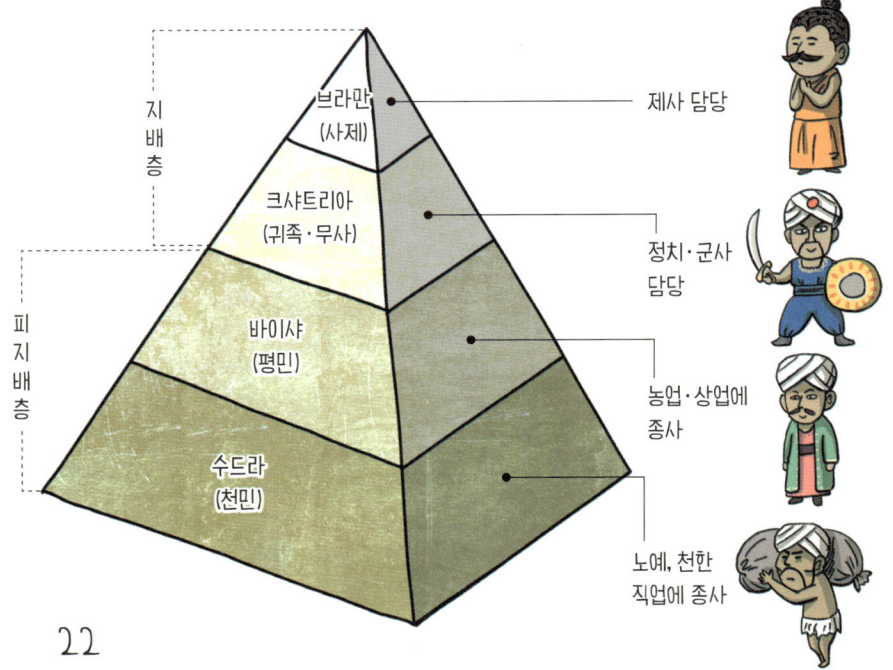

카스트 제도 브라만은 사제, 크샤트리아는 군인 혹은 정치인, 바이샤는 농업·공업·수공업·상업에 종사하는 사람, 수드라는 노예 계급을 가리킨단다.

아리아인들은 제사를 중요하게 여겼어. 인도 땅에 와서도 마찬가지였는데, 시간이 흐를수록 제사 절차가 더욱 복잡해졌어.

"제사는 아무나 담당할 수 없는 일이오. 오직 우리 브라만만이 제사를 올릴 수 있소."

브라만은 제사 의식을 독차지해 그들의 종교적 권위를 강화했어. 그 결과 브라만이 신과 세상의 일들을 마음대로 움직일 수 있는 사람이라는 생각이 퍼져 나갔어. '브라만교'가 생겨난 거지.

"현재의 삶은 과거, 미래와 연결됩니다."

"브라만으로 태어난 것은 전생에 열심히 살았기 때문입니다."

브라만은 이렇게 강조하며 모든 부와 권력을 누리며 살았어. 주로 태양신, 물의 신, 불의 신과 같은 자연신들을 찬양하는 시와 노래를 모아 《베다》라는 경전도 만들었어. 브라만교는 카스트 제도를 더 단단하게 하는 역할을 했지.

베다의 신들 《베다》에서 최고의 찬양을 받았던 아리아인들의 수호신이야. 신에게 자신들의 소망을 전해 주는 불의 신 '아그니'(왼쪽)와 악마를 무찔러 승리를 가져다주는 전쟁의 신 '인드라'(오른쪽)의 모습이야.

1 인도 문명의 탄생과 국가의 성립

매력적인 나라, 인도

　인도는 우리나라 서남쪽에 있어. 면적은 한반도의 약15배로, 세계에서 일곱 번째로 큰 나라야. 인구는 약 12억 명으로, 중국 다음으로 많지. 오랜 역사를 알려 주는 수많은 유적은 물론, 다양한 풍습과 전통이 남아 있는 매력적인 나라란다.

　인도 북쪽에는 세계적으로 유명한 히말라야 산맥이 있고, 인도 서쪽에는 서아시아, 동쪽에는 동남아시아 여러 나라가 있어. 인도는 이 두 지역과 활발히 교류하며 성장했단다.

　인도를 대표하는 인더스강과 갠지스강 유역에는 일찍부터 사람들이 모여 살기 시작했어. 수도인 뉴델리, 큰 항구 도시인 콜카타 등 주요 도시들은 주로 이들 강 주변에 있지.

　첫 여행지인 바라나시로 가 볼까? 이 도시는 인도 사람들이 어머니의 강으로 여기는 갠지스강가에 있어. '인도의 영혼, 인도의 심장'으로 불리는 특별한 도시지.

인도의 수도 뉴델리

인도의 항구 도시 콜카타

힌두교의 시바 신이 자신의 머리카락으로 물을 한 방울씩 떨어뜨려 갠지스강을 만들었다는 이야기도 전해지고 있단다.

저기 좀 보렴.

"우아, 많은 사람이 웃옷을 벗고 목욕을 하네요."

목욕하는 게 아니라 자신의 죄를 씻는 종교 의식이야. 일 년 내내 갠지스강은 몸을 씻는 사람들로 북적인단다. 사람들의 표정도 무척이나 진지하지?

"그런데 성스러운 강이 왜 이렇게 더럽고 지저분해요? 쓰레기가 둥둥 떠다녀요."

우리나라 사람들은 상상할 수 없는 모습이지만, 인도 사람들은 이를 더럽다고 생각하지 않아. 시체를 화장한 뼛가루, 동물 배설물이 둥둥 떠다녀도 성스러운 강에서 몸을 씻으면 몸과 마음이 깨끗해진다고 믿는단다.

인도를 조금 더 여행하다 보면, 인도 사람들의 생각을 이해할 수 있을 거야.

갠지스강에서 몸을 씻는 사람들 인도인들은 제사를 지내기 전에 자신의 몸과 마음을 신성한 물에 깨끗하게 씻는 의식을 올린단다.

한 걸음 더!

거인 푸루샤의 몸에서 나온 네 신분

인도에는 카스트 제도를 뒷받침하는 신화가 전하고 있어. 세상이 만들어졌을 때 '푸루샤'라는 거인이 있었대. 그는 스스로 태어난 존재였어. 하루는 신들이 그를 제물로 올려놓고 물을 뿌린 뒤 제사를 지내고 있었대.

그런데 신기한 일이 일어났어. 푸루샤의 몸에서 세상 모든 것들이 하나둘 생겨난 거야. 처음에는 하늘과 땅, 숲과 동물이 생겨났어. 그러고 나서 네 신분의 사람들이 생겨났다고 전해.

거인의 머리에서는 브라만이 나왔어. 머리는 무엇을 의미할까? 바로 지혜야. 지혜를 갖춘 브라만들은 제사 의식을 주관했어. 그 다음 팔에서 크샤트리아가 나왔대. 팔은 나라를 지켜 낼 수 있는 용맹함을 뜻해. 전투를 하거나 나라를 다스리는 일을 하는 사람들이야.

넓적다리에서는 농민과 상인인 바이샤가 나왔지. 넓적다리는 바삐 움직이며 열심히 일하라는 뜻이겠지. 마지막으로 발에서 노예 신분인 수드라가 나왔대. 다른 신분을 위해 발로 뛰며 천한 일을 했어.

이렇듯 인도 사람들은 신분이 신에 의해 정해진 거라고 생각했어. 절대로 자기 마음대로 바꿀 수 없는 거라 여겼지. 그저 자신의 신분을 받아들이고 최선을 다해 살아야 했어.

푸루샤 거인

브라만교에 반발해 인도에서 한 줄기 빛과 같은 새로운 종교가 탄생했어. 바로 불교란다. 인도 북부 지역 작은 왕국의 왕자였던 석가모니가 창시한 종교야. 지금은 세계적인 종교 가운데 하나지. 그런데 인도에서 시작된 불교가 아시아 각국으로 퍼져 나가는 데 공헌한 왕조가 있어. 바로 마우리아 왕조와 쿠샨 왕조야. 두 나라는 어떤 나라였을까? 불교는 인도에 어떤 영향을 미쳤을까?

기원전 527년
불교의 탄생

기원전 4세기경
마우리아 왕조 성립

기원전 327년
마케도니아의 알렉산드로스,
인더스강 유역 침입

2

통일 제국의 출현과 불교의 유행

100년경
쿠산 왕조 카니슈카 왕 즉위

250년경
쿠산 왕조 멸망

기원전 185년
마우리아 왕조 멸망

크샤트리아와 바이샤가 성장하다

갠지스강 유역까지 세력을 뻗친 아리아인들은 인도 북부에 여러 작은 나라를 세웠고, 그중 16개 나라가 남아 교류하며 경쟁했지. 그 가운데 마가다 왕국은 인도 북부의 주인이 되기 위해 치열한 정복 전쟁을 벌였어.

"우리 왕국이 인도 북부의 새 주인이 될 것이오."

전쟁이 잦을수록 크샤트리아의 목소리는 점점 커져 갔어.

기원전 6세기경 인도의 도시 국가

"전쟁에서 제일 큰 공을 세운 것은 브라만이 아니라 우리 크샤트리아란 말이오."

바이샤 또한 주변 지역과 교류하며 점점 부자가 되어 갔지.

"이렇게 도시가 발전한 것은 우리 바이샤가 열심히 장사를 했기 때문이지."

하지만 브라만은 여전히 종교적 권위를 바탕으로 세상의 주인인 것처럼 행세했어.

"오직 우리 브라만을 통해서만 구원을 받을 수 있소."

"절차에 따라 제사를 지내야 합니다. 제물로 소를 바치시오."

브라만은 제사의 규모를 키우고, 더 많은 제물을 요구했어.

"뭐? 농사짓는 데 꼭 필요한 소를 제물로 바치라고?"

크샤트리아와 바이샤는 물론 하층민의 불만도 커져만 갔어. 이제 브라만만 빼고 모두 새로운 세상을 원했지.

코끼리를 타고 전쟁터로 나가는 크샤트리아
16개 나라는 더 많은 땅을 차지하기 위해 치열하게 싸웠고, 정복 전쟁이 치열해질수록 정치와 군사를 담당하던 크샤트리아의 활약이 두드러졌어.

새로운 빛과 같은 불교가 탄생하다

브라만에 대한 크샤트리아와 바이샤의 불만이 점점 커져 가던 기원전 6세기경, 새로운 종교가 등장했어. 바로 불교야.

불교를 창시한 고타마 싯다르타는 석가족이 세운 작은 왕국 카필라(오늘날의 네팔)의 왕자였어.

'병에 걸려 죽는 사람, 아침부터 해 질 때까지 일만 하는 농부들……. 성 밖 백성들은 저리도 고통스러운 삶을 살고 있구나.'

싯다르타는 성 밖 백성들의 삶을 보고 큰 충격을 받았어. 호화로운 궁에서 지내도 더 이상 행복하지 않았지.

싯다르타는 궁을 떠나기로 마음먹었어. 깨달음을 얻기 위해 6년간 많은 사람을 찾아다녔지만 아무도 해답을 주지 않았어. 하루에 콩 한 알을 먹으며 배가 등에 닿을 정도로 심한 고통을 겪었지만 소용이 없었지.

고행하는 석가모니
깨달음을 얻은 싯다르타는 이제 '석가족 출신의 성자'라는 뜻의 석가모니 또는 '깨달음을 얻은 자'라는 뜻의 부처로 불렸어.

보리수나무를 떠받치는 크샤트리아 보리수나무를 떠받치고 있는 것은 석가모니 부처. 불교를 섬긴다는 뜻이야.

싯다르타는 숲속 보리수나무 아래에서 명상을 하기 시작했어. 그러고 나서 여러 날 뒤 큰 깨달음을 얻었단다.

'인간의 고통과 괴로움은 욕심에서 비롯되는 것이구나. 누구나 자비를 베풀고, 수행을 통해 욕심을 버리면 고통에서 벗어날 수 있구나!'

깨달음을 얻은 싯다르타는 이때부터 '석가모니'로 불렸어. 석가족 출신의 성자라는 뜻이었지. 석가모니는 부자든 가난한 자든, 신분이 높든 낮든 간에 열심히 수행을 하면 누구나 깨달음을 얻을 수 있다고 했지. 또 카스트에 상관없이 누구나 제자로 받아들였어. 석가모니의 첫 제자 역시 수드라 출신인 이발사였다고 해.

크샤트리아와 바이샤들은 불교를 열렬히 환영하고 후원했어. 불교를 이용해 브라만의 권위를 약하게 만들 수 있고, 브라만 중심의 사회 구조를 깰 수 있었으니까. 수드라와 여성들도 환영했단다.

마우리아 왕조, 북인도를 최초로 통일하다

인도 화폐에는 네 마리의 사자와 수레바퀴가 그려져 있어. 인도 북부를 최초로 통일한 왕이 세운 돌기둥 머리 부분을 본뜬 거야. 그 왕은 기원전 4세기에 북인도에 세워진 마우리아 왕조의 3대 왕인 아소카 왕이야. 아소카 왕은 잘 훈련된 군대와 코끼리 부대를 이끌고 주변 나라와 정복 전쟁을 벌여 영토를 넓혀 나갔단다.

인도 화폐

"드디어 칼링가와 맞붙을 결전의 날이 왔다. 인도를 통일해 대제국을 건설하겠노라."

통일 전쟁은 무척 잔인했어. 10만여 명이 죽어 나갔고, 15만여 명이 노

마우리아 왕조의 최대 영역
아소카 왕의 돌기둥

인더스강
갠지스강
파탈리푸트라
바라나시 부다가야
우자인
기르나르
마우리아 왕조
토사리
아라비아해
칼링가
벵골만

마우리아 왕조 영역

아소카 왕이 세운 돌기둥의 사자상 사자는 왕의 권위를 상징하는 지혜와 용기를 뜻해. 사자 밑 수레바퀴는 불법과 진리를 나타내지. 인도의 국기, 여권, 화폐에도 그려져 있어.

예로 끌려갔지. 여기저기 처참하게 죽은 사람들의 시체가 널려 있었어.

전쟁에서 승리한 아소카 왕은 북인도를 통일하고 인도 최초의 통일 제국을 건설했어. 이후 아소카 왕은 강력한 왕권을 바탕으로 나라를 통치했어. 곳곳에 도로를 만들고, 활발한 상업 활동으로 나라 살림을 늘려 갔지.

하지만 그의 마음에 변화가 생기기 시작했어.

"귀중한 목숨을 내가 이렇게 함부로 죽이다니……. 앞으로는 살아 있는 것이라면 그 무엇도 함부로 죽이지 마라!"

"힘과 칼 대신 자비와 법, 불교의 가르침으로 나라를 다스리겠소."

아소카 왕은 시체와 피로 물든 강물을 보며 전쟁의 비참함을 깨달았어. 이후 그는 불교를 믿으며 자신의 죄를 용서받고 싶어 했지. 실제로는 불교를 통해 제국을 통합하려는 생각도 있었을 거야.

아소카 왕은 인도 곳곳에 절과 탑, 자신의 의지를 새긴 돌기둥을 세웠어. 불교 경전을 모아 정리도 했지. 왕자와 승려들을 동남아시아는 물론 유럽, 아프리카 등으로 보내 불교를 전파하기도 했어.

이렇듯 통일 제국을 건설하고 다양한 불교 정책을 추진한 아소카 왕은 인도의 위대한 왕으로 기억되고 있단다.

산치 대탑 마우리아 왕조의 아소카 왕이 세웠다고 전하는 탑이야. 오늘날 남아 있는 탑 중 가장 오래된 탑이지. 석가모니의 탄생 이야기와 아소카 왕에 관한 이야기가 새겨져 있어.

쿠샨 왕조, 대제국을 건설하다

"도로도 건설하고, 곳곳에 절도 지으시오."
"다리를 짓는다, 절을 짓는다, 세금만 내라 하니 살 수가 없군."

오래도록 번영을 누릴 것 같던 마우리아 왕조도 아소카 왕이 죽은 뒤 기울기 시작했어.

인도 북부 지역은 다시 여러 나라로 나뉘고, 혼란기를 맞았어. 그러던 중 1세기 중엽에 북쪽의 유목민인 쿠샨족이 인도 서북부에 '쿠샨 왕조'를 세웠어. 3대 왕인 카니슈카 왕 때 전성기를 맞았지.

"간다라 지방을 중심으로 영토를 넓힙시다."
"지리적 이점을 잘 이용하면 크게 번성할 것이오."

카니슈카 왕의 모습이 새겨진 동전

쿠샨 왕조가 자리 잡은 간다라 지방은 동쪽으로는 중국, 서쪽으로는 서남아시아를 거쳐 유럽으로 이어졌지. 한마디로 동서 교통로의 중심지였어. 쿠샨 왕조는 동서 교역의 중계 역할을 하며 크게 발전해 나갔어. 비단길을 놓고 중국과 충돌하기도 했지.

카니슈카 왕도 아소카 왕처럼 불교를 열렬히 믿고 권장했어. 이때부터 부처를 인간과는 다른 특별한 존재, 신으로서 믿고 받들기 시작했단다.

카니슈카 왕의 동상 두상이 떨어진 채 옷을 입은 모습만 남아 있단다.

부처의 가르침에 대한 생각도 이전과 달라졌어. 마우리아 왕조 때에는 승려 개인의 수행을 강조하는 '상좌부 불교'가 발달했는데, 쿠샨 왕조 때에는 더 많은 대중을 구원해야 한다고 생각하는 불교가 발달했지. 이러한 불교를 '대승 불교'라고 해. 대승은 '큰 수레'라는 뜻이야. 큰 수레에 더 많은 사람을 태워 구원받도록 해야 한다는 의미지. 이제는 일반 대중에게 불교가 널리 전해졌고, 중국과 한국 등 주변 지역으로도 퍼져 나갔어.

불교의 전파 상좌부 불교는 주로 동남아시아 지역으로, 대승 불교는 주로 서역 지방과 중국을 거쳐 우리나라, 일본 등으로 널리 퍼져 나갔어.

2 통일 제국의 출현과 불교의 유행

출발! 세계 속으로
석가모니의 고향, 네팔의 룸비니

오늘은 석가모니가 태어난 곳으로 알려진 네팔의 룸비니 동산에 갈 거야. 불교를 믿는 사람이라면 누구나 꼭 가 보고 싶어 하는 곳이란다.

"그런데 왜 집이 아니라 동산에서 태어나셨어요?"

전해 오는 이야기에 따르면, 석가모니의 어머니인 마야 부인이 신비한 꿈을 꾼 뒤 그를 가졌다고 해. 흰 코끼리가 오른쪽 옆구리로 들어오는 꿈이었대. 인도 풍습에 따라 마야 부인은 아이를 낳기 위해 친정으로 길을 떠났어. 룸비니 동산에 도착했을 즈음이었지.

"아, 배가 너무 아파 더 이상 걸을 수 없겠어."

마야 부인은 룸비니 동산의 나무숲으로 가서 자리를 잡았어. 그러고 나서 고통을

마야 부인의 태몽 마야 부인은 흰 코끼리가 옆구리로 들어오는 꿈을 꾸고 석가모니를 가졌다고 전해져.

마야데비 사원 석가모니가 태어난 곳으로 전해지는 곳이야. 건물 앞에는 아소카 왕이 세운 돌기둥도 있지. 이 돌기둥이 발견되지 않았다면 석가모니가 태어난 곳을 아마 영원히 알 수 없었을 거야.

참기 위해 오른쪽 팔을 올려 나뭇가지를 붙잡았지. 얼마 후 오른쪽 옆구리에서 석가모니가 태어났다고 해.

저기 돌기둥과 흰 건물이 보이지? 저기가 바로 석가모니가 태어났다고 전해지는 곳이야. 석가모니는 태어나자마자 북쪽으로 일곱 걸음을 걸었다고 해. 그런 뒤 오른손은 하늘을, 왼손은 땅을 가리키며 이렇게 외쳤다는구나.

"하늘 위와 아래 나 홀로 존귀하다. 세상이 모두 고통스러우니 내가 평안하게 하리라!"

안타깝게도 마야 부인은 석가모니를 낳고 7일 만에 죽고 말았단다.

"그런데 기대했던 것보다 별로 볼 게 없네요. 저는 그리스 신전 정도는 될 거라고 생각했거든요."

이곳은 15세기까지는 불교 성지였어. 그러다가 19세기에 폐허로 발견되었지. 그나마 룸비니 동산이 유네스코 세계 문화유산에 등록되면서 하나둘 복원되고 있어서 다행이란다.

"불교의 성지답게 새로운 모습으로 태어날 룸비니 동산이 기대되는데요."

저도 엄마 옆구리에서 나왔나요?

부다가야의 마하보디 대탑 석가모니가 깨달음을 얻은 곳이야. 불교 신자들이 가장 성스럽게 생각하는 불교 성지란다.

한 걸음 더!

헬레니즘 문화와 인도 문화의 만남, 간다라 미술

인도 지방에는 서로 다른 문화가 만나 새로운 문화를 꽃피운 사례가 있어. 바로 '간다라 미술'이야. 간다라 지방은 인도의 북서부 지역으로, '향기로운 땅'이란 뜻을 가진 곳이야. 지금의 파키스탄 지역인데, 인도의 아소카 왕과 카니슈카 왕이 누비던 곳이지.

기원전 327년 마케도니아의 알렉산드로스가 페르시아를 정복하면서 이곳 간다라 지방까지 진출했어. 알렉산드로스는 정복 활동을 벌일 때 군인뿐만 아니라 상인, 학자, 예술가 등을 데리고 다녔어. 그리스의 생활 방식과 문화를 정복지에 전파하면서 그리스 문화와 서아시아 문화가 융합된 헬레니즘 문화가 발달했어. 이후 기원전 4세기부터 1세기 쿠샨 왕조 시기까지 간다라 지방에는 헬레니즘 문화와 인도 문화가 만나면서 간다라 미술이 발달했어.

"신성한 부처님의 모습을 어떻게 조각할 수 있겠소? 그저 흔적만 만들 수 있을 뿐이지."

불교가 처음 전파될 때에는 불상을 만들지 않았어.

간다라 불상

대신 부처의 사리가 묻힌 탑이나 부처의 발자국, 깨달음을 얻었던 보리수나무 등을 조각하고 만들었지.

"꼭 그렇지만은 않소. 그리스인들도 자신들이 믿는 신들을 조각하지 않소?"

간다라 지방에 온 그리스인들이 신을 인간의 모습으로 표현하는 것을 본 인도 사람들은 부처의 형상을 만들기 시작했어.

간다라 불상을 한번 잘 살펴봐. 곱슬머리에 움푹 파인 눈, 오뚝한 콧날, 주름진 옷차림 등을 보면 마치 그리스의 조각품을 보는 것 같을 거야. 사람의 신체를 있는 그대로 사실적으로 섬세하게 표현하는 간다라 미술은 이후 중국과 우리나라에도 영향을 주었단다.

원강 석불과 석굴암 본존불상 중국의 원강 석불(왼쪽)이나 우리나라 석굴암의 본존불(오른쪽)도 바로 간다라 미술의 영향을 받아서 만들어진 거야.

인도에 가면 희한한 광경을 볼 수 있어. 길거리에 소가 누워 있는데도 사람들은 그냥 보고만 있지. 소 때문에 길이 막혀 자동차가 지나갈 수 없는데도 누구 하나 경적을 울리지 않아. 인도에서 소고기를 먹는 것은 상상할 수도 없는 일이야. 심지어 소를 가족처럼 여기기도 해. 인도에서는 왜 이렇게 소를 귀하게 여기는 걸까?

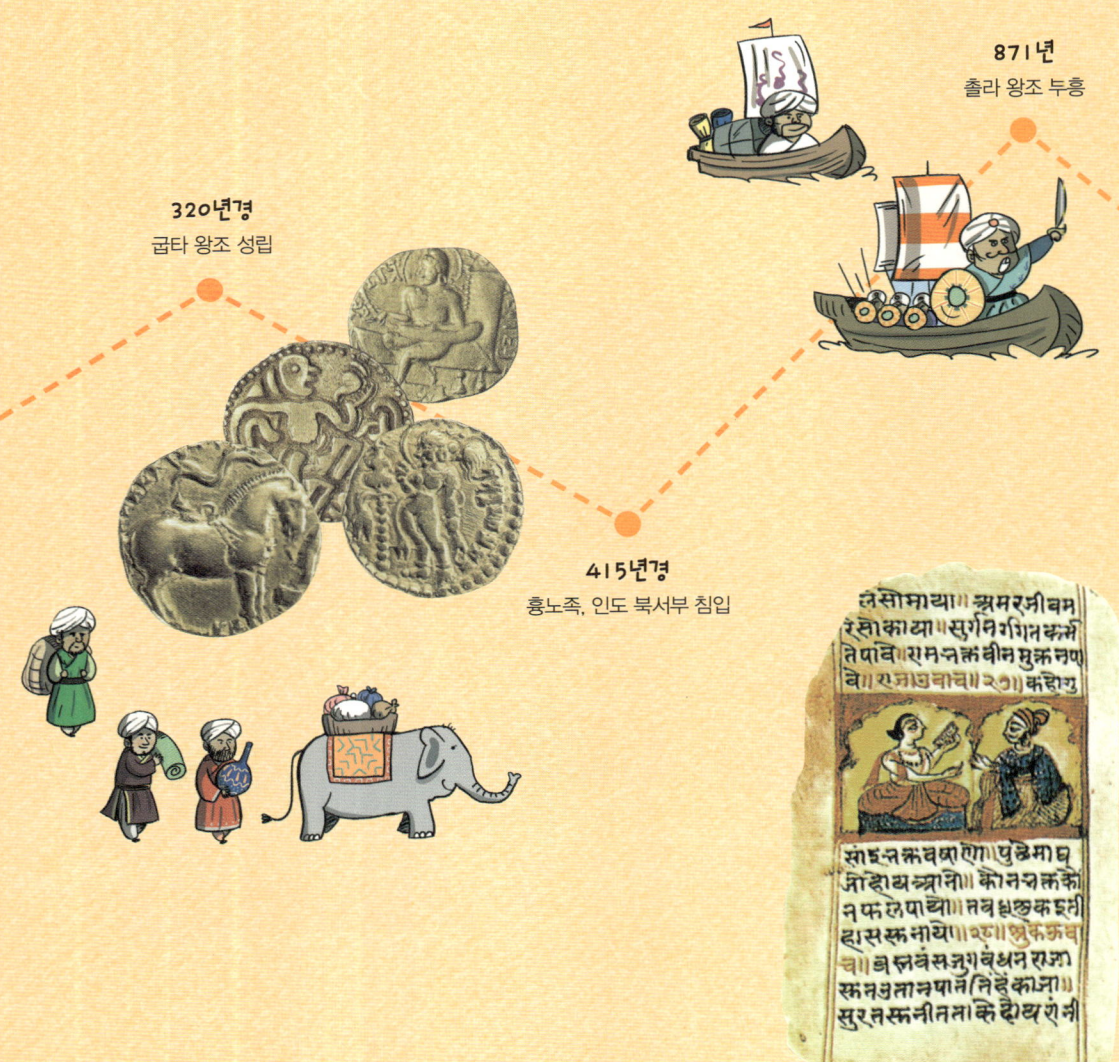

320년경
굽타 왕조 성립

415년경
흉노족, 인도 북서부 침입

871년
촐라 왕조 부흥

3

힌두교와 이슬람교, 다양한 문화의 발전

1498년
바스쿠 다 가마, 캘리컷 도착

1206년
아이바크, 델리 술탄 왕조 건립

굽타 왕조, 북인도를 다시 통일하다

쿠샨 왕조의 세력이 점점 약해지자 북인도는 여러 나라로 나뉘었어. 그중 하나가 갠지스강 유역에 들어선 '굽타 왕조'야. 왕들의 성이 모두 굽타여서 굽타 왕조로 불려. 찬드라굽타, 사무드라굽타, 쿠마라굽타······.

"마우리아 왕조의 옛 영광을 우리가 누리게 될 것이다!"

4세기 초에 찬드라굽타 2세는 북인도를 통일하고 대제국을 건설했어.

굽타 왕조는 비단길을 따라 동서 여러 나라와 활발한 교역을 했어. 항구는 물건을 실은 배와 여러 나라 상인들로 언제나 분주했지.

"저 사람은 로마에서 온 상인 아니오?"

"이집트 상인, 중국 상인도 있네요."

인도의 후추 같은 향료는 최고 인기 상품이었어.

굽타 왕조의 금화
굽타 왕조 때에는 서아시아, 유럽과의 교역이 활발해 금화가 많이 만들어졌어.

인도의 후추
인도 남부 말라바르에서 후추를 수확하는 모습이야.

　인도는 서양에서 술, 파피루스, 향, 벌꿀 등을 들여왔고, 중국에서는 비단을 들여왔어. 굽타 왕조는 점점 경제적으로 넉넉해졌지.
　하지만 굽타 왕조도 영원할 수는 없었어. 중앙아시아에서 흉노족이 쳐들어와 여러 차례 전쟁을 치렀거든. 왕위 다툼까지 벌어져 더욱 힘들었지. 200여 년간 지속된 굽타 왕조는 점점 기울어 다시 작은 나라가 되었고, 6세기 중엽에 멸망했어.

힌두교가 널리 퍼지고, 문화가 발전하다

"불교를 믿는 사람들은 날마다 늘어나고, 브라만교를 멀리하니, 어떻게 하면 좋겠소?"

굽타 왕조 시기에 드디어 브라만교에 변화의 바람이 불기 시작했어. 복잡했던 제사 절차도 간단해졌지. 꼭 브라만을 통하지 않더라도 깨달음을 얻으면 구원을 받을 수 있다고도 했어.

"이제 우리도 변해야 합니다. 소나 양과 같은 비싼 제물을 요구하지 맙시다."

"불교를 비롯해 다른 종교의 신들과 예로부터 믿어 온 여러 신들을 모두 받아들여야 합니다."

브라만교가 스스로 변화하면서 새로운 종교, 힌두교가 탄생했어. 힌두교에서는 모시는 신이 3억 3000개가 넘는다고 해. 그만큼 신이 많다는 의미지. 그중 중요한 신은 세 신이야. 창조의 신 브라흐마, 우주 질서를 유지하는 신 비슈누, 파괴의 신이자 생명의 신 시바야.

가데스와르 사원 10세기에 세워진 힌두 사원이야. 힌두 사원은 신들이 땅에 내려와 머무르는 곳으로 여겨졌어.

힌두교는 종교적 계율이자 생활을 규제하는 도덕이 되었어. 굽타의 왕은 힌두교를 후원하고, 자신이 비슈누의 화신(아바타)이라고 주장하며 정치권력을 더욱 강화했어. 브라만의 종교적·사회적 지위가 다시 확고해졌고, 카스트 제도는 더욱 깊게 뿌리를 내렸지.

굽타 왕조 시기에는 문화도 활짝 꽃피었어. 인도의 전설과 설화가 담긴 《마하바라타》와 비슈누의 화신 라마의 무용담이 담긴 《라마야나》도 이때 정리되었어. 또 고대 인도의 힌두교 법전인 《마누법전》도 이 시기에 만들어졌단다.

건축·조각·그림 등 예술 분야도 발달해 인도 고유의 양식인 굽타 양식이 생겨났지. 또 영(0)의 개념을 발견하고, 10진법의 체계도 마련했단다.

《마누 법전》 전설상 인류의 시조이자 법을 만든 마누가 썼다고 전해지고 있어. 힌두교도가 지켜야 할 종교적 계율이자 규범이었지.

날란다 사원 오늘날의 대학과 같은 곳이야. 굽타 왕조 이후 불교 학문의 중심지였단다.

이슬람 세력이 들어오다

10세기 즈음 서쪽으로는 유럽, 동쪽으로는 중국에 이르는 무역을 독차지하고 있던 이슬람 세력이 인도 북서부로 침입해 와 자신들의 왕조를 열었어. 하지만 인도 북서부 지역을 차지한 것만으로 만족하지 못했지. 결국 비옥한 갠지스 평원을 넘보기 시작했단다.

12세기 이슬람 군대는 인도 북부를 점령한 뒤 델리에 승리의 깃발을 꽂았어. 이후 이슬람 세력은 델리를 중심으로 세력을 점점 넓혀 나갔단다. 아이바크는 델리를 중심으로 새로운 왕조를 열었어.

아이바크의 뒤를 이은 5개의 이슬람 왕조를 '델리 술탄 왕조'라고 불러. '델리에 세워진 술탄이 다스리는 왕조'라는 뜻이지. 델리 술탄 왕조는 13세기에서 16세기까지 350여 년 동안 인도 북부 지역을 다스렸어. 이슬람 세력이 힌두교를 믿는 인도인들의 종교를 탄압하면서 갈등이 생기기 시작했어. 이슬람 왕조는 이슬람교를 널리 전하려고 했거든.

힌두교 사원에서 기둥을 가져와 이슬람 사원을 세우고, 힌두교 사원을 아예 이슬람 사원으로 바꿔 버리기도 했지.

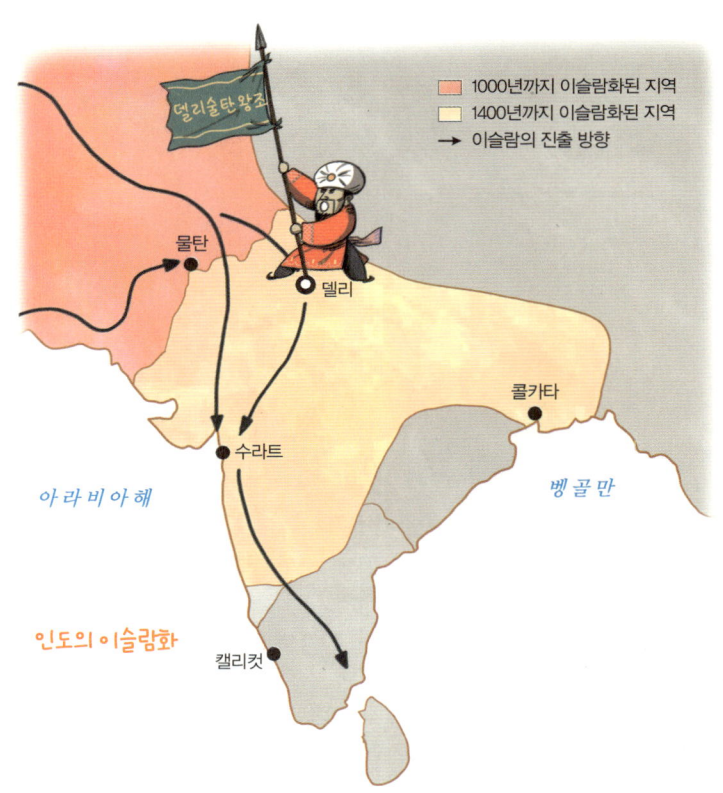

그런데도 인도에서 이슬람 교도들이 늘어갔어. 이슬람교를 믿으면 세금을 줄여 주었거든.

이슬람교를 믿는 사람들이 점점 늘어나면서 힌두 문화와 이슬람 문화가 뒤섞였어. 이슬람 세력이 쓰는 페르시아어와 인도 델리 지방의 언어가 합해져 현재 인도 일부 지역과 파키스탄에서 사용하는 우르두어가 만들어졌어. 나나크는 이슬람교와 힌두교의 장점을 모아 시크교를 만들었어.

제자들과 함께 있는 나나크 시크교는 인간이 모두 평등함을 주장하며 카스트 제도를 부정했어. 하층민은 이런 시크교를 환영했단다.

쿠와트알 이슬람 모스크(아래)와 쿠트브 미나르(오른쪽) 인도에서 최초로 이슬람 왕조를 연 아이바크를 기리기 위해 세운 첨탑이야. 탑에는 이슬람교의 성서인 《쿠란》의 내용이 쓰여 있단다.

남부 인도의 강자, 촐라 왕조

북부 인도 지역에 여러 왕조가 들어서는 동안 남부 인도는 어땠을까?

인도에는 남부와 북부를 가르는 높은 고원, 높이가 1000미터에 이르는 데칸 고원이 있어. 인도 북부의 잘나가던 나라들도 높디높은 데칸 고원을 쉽게 넘지는 못했었어. 그러다 보니 남부 인도에는 북부와 다른 나라들이 들어섰지.

인도 북부 지역은 갠지스강과 인더스강 주변의 비옥한 땅 덕분에 농사가 발달했지. 그에 비해 넓디넓은 바다에 접한 남부 인도 국가들은 주로 배를 타고 인도양을 누비며 상업 활동을 했단다.

남부 인도의 중심 역할을 한 왕조가 바로 촐라 왕조야. 촐라 왕조 상인들은 아라비아는 물론, 동남아시아 지역과도 무역을 했어.

브리하디스와라 사원 촐라 왕조의 힌두교 사원이야. 북인도 사원은 둥근 지붕인 데 비해 남인도의 사원은 피라미드 형태를 하고 있지.

"촐라 왕조에는 아름다운 도시들이 곳곳에 있군요!"

당나라 승려였던 현장이 남부 인도에 와서 이 도시들을 보며 감탄했다고 해.

"막강한 해군을 갖춘 촐라 왕조를 감히 누가 넘봐? 어림없지."

튼튼한 군사력을 갖추고 부유하기까지 한 촐라 왕조는 11세기에 갠지스강 남부까지 세력을 넓혔어.

촐라 왕조도 힌두교를 믿었단다. 비슈누 신을 섬긴 북부와 달리 시바 신을 섬겼어. 힌두교 사원도 북부와는 다른 모양을 띠었지. 카스트나 남녀 차별도 북부만큼 심하지 않았다고 해.

촐라 왕조가 성장하는 데 이러한 남부의 전통이 큰 힘이 되지 않았을까?

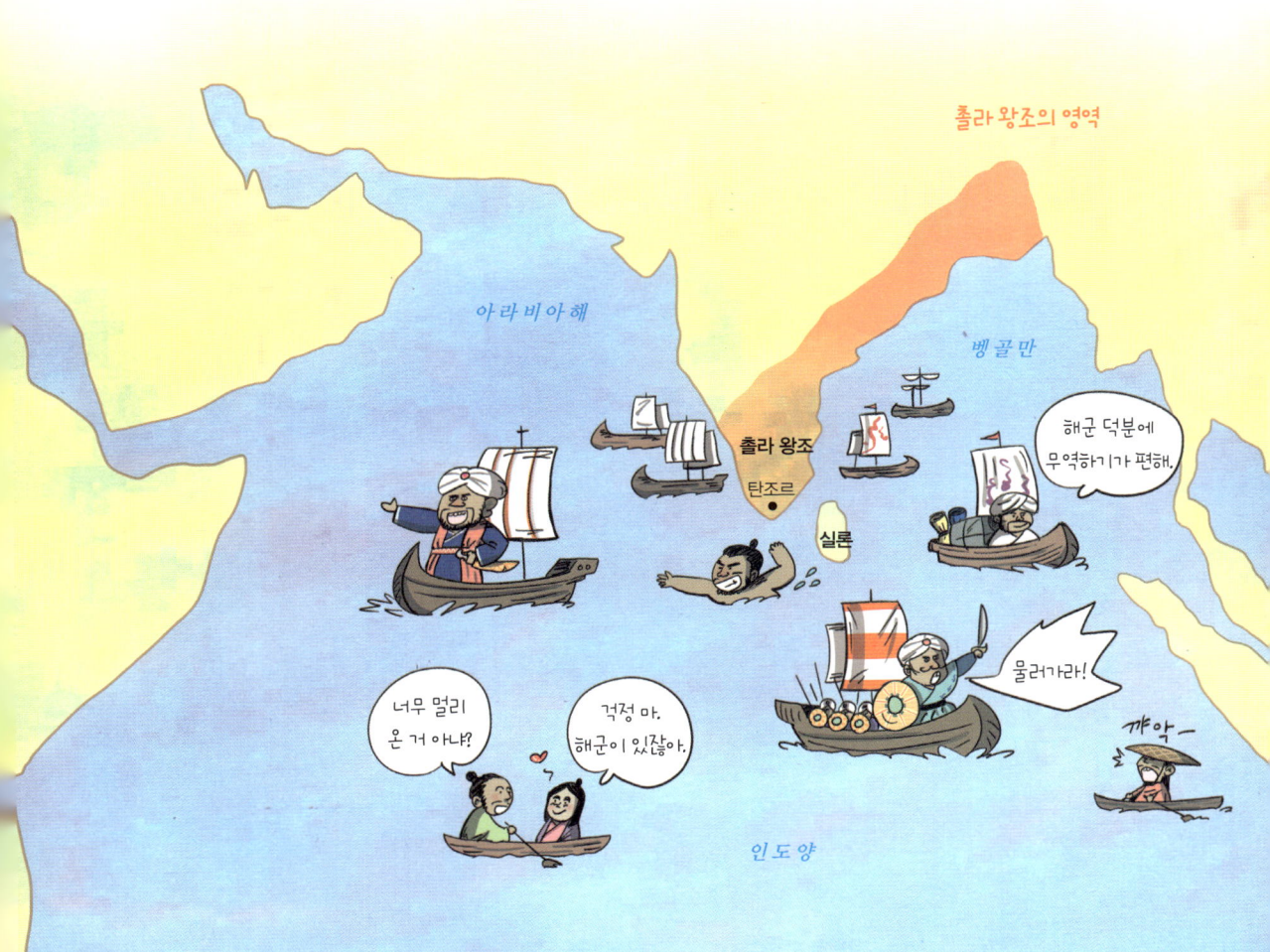

출발! 세계 속으로

아잔타 석굴과 엘로라 석굴

    석굴암을 한꺼번에 수십 개 본다면 어떤 느낌일까? 상상이 안 된다고? 저기 보이는 아잔타 석굴이 그런 석굴이야. 올라가서 한번 둘러볼까?

    "다이너마이트도 없던 시대에 이런 동굴을 만들었다고요? 꼭 신이 만들어 놓은 거 같아요."

    아잔타 석굴은 1819년에 발견되었어. 영국인 병사 존 스미스가 호랑이 사냥을 나갔다가 발견했지. 그가 발견한 동굴 안에는 코끼리상과 불상 등이 새겨져 있었어. 생동감과 신비로움이 가득한 벽화도 그려져 있었지. 그 동굴은 승려들이 살며 수행을 하던 절이었어.

    저기 저 벽화 좀 봐! 1500여년 전에 만들어진 프레스코 벽화인데, 어떻게 저렇게 색도 바래지 않고 선명할 수 있을까 궁금하지 않니?

아잔타 석굴의 외부 모습과 프레스코 벽화

엘로라 석굴도 보러 가 볼까?

"우아~ 아잔타 석굴도 대단했는데, 엘로라 석굴은 더 대단해요."

34개의 석굴이 모여 있는 모습을 보니, 마치 사원들의 종합 선물 세트 같은 느낌이 드는구나.

여러 종교 사원이 이렇게 한곳에 있는 이유는 인도에서 다양한 종교가 발달했기 때문이야. 500여 년에 걸쳐 동굴을 만들고 신의 모습을 조각했다고 해.

자, 해 지기 전에 엘로라 석굴의 꽃인 카일라사나타 사원으로 가 보자.

규모가 어마어마하지? 거대한 바위산을 위에서 아래로 통째로 깎아서 만들었어. 7000여 명의 석공이 15년 동안 만든 거라고 해. 이렇게 큰 규모의 석굴을 만들 수 있었던 힘은 어디에서 나올까? 아마도 깊은 신앙심에서 비롯되었을 거야.

카일라사나타 사원 엘로라 석굴의 제16굴이야. 시바 신과 그의 부인을 모셔 놓은 곳이지. 깊이 91미터, 폭 39미터, 높이 32미터의 엄청난 규모를 자랑한단다.

3 힌두교와 이슬람교, 다양한 문화의 발전

한 걸음 더!

힌두교의 세 신과 《라마야나》

인도를 이해하려면 인도인의 삶과 가장 밀접하게 연관된 힌두교에 대해 알아야 해. 힌두교는 단순히 종교가 아니야. 인도의 사회, 관습, 전통의 밑바탕에는 힌두교가 자리하고 있거든. 인도인들이 먹고, 마시고, 생각하는 것 모두가 힌두교와 연결되어 있다고 보면 된단다.

힌두교를 이해하려면 여러 신 중 세 신에 대해 알아야 하지.

우주를 창조한 힌두교 최고의 신인 브라흐마, 우주를 유지하는 비슈누, 창조를 위해 파괴하는 시바 신 말이야.

창조를 끝낸 브라흐마가 놀고 있을 때, 비슈누는 세상을 지키고 유지하기에 바빴어. 사람들이 악으로부터 위협을 받을 때마다 거북, 물고기, 라마, 크리슈나 등으로 나타나서 도와주었어. 이들을 비슈누의 화신이라고 하지. 석가모니도 비슈누의 화신이라고 생각했어.

비슈누의 화신 중 하나인 라마의 흥미진진한 모험담은 인도인들에게 큰 사랑을 받고 있어. 《라마야나》는 아요디아 왕자 라마의 무용담을 5만여 행의 시구에 담은 대서사시야. 《라마야나》에는 인도인들이 지켜야 할 부자, 군신, 부부, 형

힌두교의 삼위일체를 보여 주는 세 신 머리가 넷 달린 신이 브라흐마, 가운데 팔이 넷인 신이 비슈누, 그리고 오른쪽이 시바야.

제 간의 도리가 잘 담겨 있단다.

시바는 파괴자이면서 동시에 다시 세상을 만드는 신이야. 가장 힘이 셀 것 같다고? 그래서일까? 인도인들이 가장 좋아하는 신이거든.

시바는 '난디'라는 흰 수소를 타고 다녀. 그래서 인도에서는 소를 소중하게 여기지. 여러 개의 팔과 4개의 얼굴을 가졌고, 미래를 꿰뚫어 볼 수 있는 3개의 눈을 가지고 있어. 두개골을 꿴 목걸이로 인류를 파괴하고 다시 만들 수도 있다고 해. 어때? 무시무시하지?

시바는 불 속에서 춤추는 모습, 해골 머리 장식을 한 악마를 물리치는 용감한 무사로 표현되기도 한단다.

라마와 악마의 전투 이상적인 군주이자 정의의 수호자인 라마가 자신의 아내 시타를 납치해 랑카섬으로 데려간 악마 라바나와 벌이는 전투 장면을 그린 거야.

춤추는 시바 오른손에는 창조를 나타내는 북을, 왼손에는 파괴를 나타내는 불꽃을 들고 있어. 오른쪽 발에 눌린 난쟁이는 시바가 물리쳐 준다는 악귀를 나타내지. 춤의 신이기도 해.

3 힌두교와 이슬람교, 다양한 문화의 발전

인도를 여행하는 사람들이 가장 보고 싶어 하는 건축물이 있어. 바로 타지마할이야. 하얀 대리석으로 만든 이 건축물을 사람들은 세계에서 가장 아름다운 건축물이라고 칭송한단다. 타지마할을 본 사람이라면 누구나 그 아름다움에 반해 버리지. 타지마할은 샤자한 황제가 아내인 뭄타즈마할이 죽자 그녀의 시신을 모셔 놓기 위해 지은 무덤이라고 해. 그렇다면 샤자한은 누구일까? 그는 얼마나 아내를 사랑했기에 이런 아름다운 무덤을 지은 걸까?

1526년
바부르, 무굴 제국 건설

1600년
인도 동인도 회사 설립

1556년
아크바르 즉위

4

무굴 제국의 등장과 번영

1627년 샤자한 즉위

1605년 자한기르 즉위

1658년 아우랑제브 즉위

칭기즈 칸의 후손, 무굴 제국을 세우다

"술탄 왕조가 약해진 틈을 타 인도를 점령하자."
"코끼리 부대를 두려워하지 마라! 우리에겐 대포가 있다."

1526년 칭기즈 칸의 후손인 바부르가 1만 2000여 명의 군사를 이끌고 인도 북서부로 쳐들어왔어. 그는 델리 술탄 왕조를 무너뜨리고, 이슬람 국가인 무굴 제국을 세웠단다. 무굴은 '몽골'이란 뜻이야.

새롭게 북인도의 주인이 된 바부르 황제는 점점 영토를 넓혀 나갔어. 그의 손자 아크바르 황제 때에 이르러서는 인도 북부 대부분을 차지했지.

아크바르 황제는 넓은 제국을 잘 다스리기 위한 방법을 고민했어.

"적은 수로 많은 인도인을 다스리려면 저들과 화합을 해야 할 텐데……. 옳지! 저들에게 관직을 주면 되겠군."

"이슬람교를 믿지 않는 사람들에게 거두던 세금을 면제해 주시오."

아크바르 황제는 사람들이

파니파트 전투 이 전쟁에서 승리한 뒤 바부르는 무굴 제국을 세웠단다.

무굴 제국 영역 아크바르 황제가 세상을 떠날 때, 무굴 제국은 데칸 고원 지역까지 영토를 확장했어.

차별받지 않고 능력을 발휘할 수 있도록 했어. 또 원하는 종교를 자유롭게 믿을 수 있도록 했단다. 주변 힌두교 국가의 공주를 아내로 맞아들이기도 하는 등 힌두교와 이슬람교를 융합하려고 했어.

"남편이 죽으면 아내를 산 채로 화장하는 나쁜 관습 '사티'를 없애시오. 과부도 재혼할 수 있게 하시오."

아크바르 황제는 나쁜 관습을 모두 없앴어. 농사지을 땅도 늘리고, 유럽 및 아시아의 여러 나라와 활발한 무역도 했지. 무굴 제국은 눈에 띄게 성장해 갔단다.

무굴 제국, 전성기를 이루다

아크바르 황제가 죽자 그의 아들 자한기르가 왕위에 올랐어. '세계의 정복자'라는 이름답게 자한기르는 주변 지역의 반란을 모두 진압하고 영토를 넓혀 나갔지.

"군사를 길러 영토를 넓히는 것만이 답이 아니다. 주변 세력이 나를 따를 수 있도록 해야 해."

자한기르는 각 지역의 족장들을 인정해 주었어. 반란을 일으킨 사람들을 풀어 주기도 했지. 이런 그의 정책은 성공적이었어. 주변 세력이 그를 찾아와 머리를 숙이고 충성을 약속했거든.

자한기르에 이어 황제가 된 사람은 그의 아들 샤자한이었어. 그는 형제들을 죽이고 황제가 되었지. 샤자한이 다스리던 시기에 무굴 제국은

무굴 제국의 학자들과 토론하는 샤자한

화려한 전성기를 누렸어.

"인구 20만 명이 넘는 도시가 무굴 제국에는 9개나 된다오."

"상인들이 중국, 서아시아뿐만 아니라 유럽 여러 나라와도 활발히 교역을 하지요."

나라가 편안하니 수공업과 상업이 발달하고, 주변 지역과의 교류도 활발했어. 사람들이 몰려들기 시작하면서 도시의 규모도 점점 커졌지. 당시 유럽에도 인구 20만 명이 넘는 도시는 런던, 파리, 나폴리 정도였대. 당시 무굴 제국이 얼마나 번성했는지 짐작할 수 있겠지?

무굴 제국의 궁전은 무척 화려했단다. 귀족들도 엄청나게 큰 저택을 짓고 살았지. 귀족들은 화려한 비단옷을 입고 금은보화로 장식했어. 아름다운 정원을 가꾸고, 얼음을 일 년 내내 사용했대. 과일도 수입해 온 것을 먹었다는구나. 하지만 백성들의 생활은 어려웠어. 열심히 일해도 세금을 내고 나면 겨우 먹고살 정도였지.

폴로 경기를 하는 귀족들 폴로는 두 팀으로 나누어 말을 타고, 막대기를 이용하여 상대편 골대에 골을 넣는 경기야. 몽골 사람들이 무굴 제국에 전해 주었지.

무굴 제국의 농민들 함께 모여서 이야기를 나누는 농민들을 담은 그림이야.

4 무굴 제국의 등장과 번영

경제적 번영에서 꽃핀 무굴 문화

　경제적 번영을 이룬 무굴 제국의 또 다른 자랑거리는 화려한 문화였어. 이슬람 문화와 힌두 문화가 어우러져 독특한 무굴 문화를 꽃피웠지.
　가장 눈에 띄는 변화는 페르시아어가 들어온 거야. 관청에서도 페르시아어를 사용하자 젊은이들은 앞다퉈 페르시아어를 배우기 시작했어. 페르시아어로 문학 작품을 쓰고, 힌두교 경전이 페르시아어로 번역되기도 했어.
　이슬람 양식과 힌두 양식이 서로 만나 새로운 건축물들이 만들어지기도 했어. 좌우 대칭의 균형미, 뾰족한 탑, 둥근 아치형의 천장, 돔을 받치는 팔각기둥 같은 페르시아 건축 양식이 들어와 인도의 건축 양식과 서로 조화를 이루었어. 이런 힌두 이슬람 양식을 대표하는 건축물이 바로 타지마할이야.
　그림도 빼놓을 수 없지. 페르시아에서 화가들을 초청해 그림을 그리게 하거나 인도 화가들에게 그 화법대로 따라 그리게 했거든. 색채가 화려하고 세밀한 묘사가 특징이었지. 궁중 생활, 전투 장면, 영웅 일대기, 역사

아그라성 아크바르 황제 때 만들어져 그의 손자 샤자한 때 완성된 성이야. 힌두 이슬람 문화를 보여 주는 거대한 성이란다.

이야기, 신화 등 다양한 내용을 그렸단다. 황제와 귀족들의 초상화를 많이 그렸는데, 사실적이면서도 생동감이 넘쳤어.

무굴 제국 시기에는 일상생활에서도 변화의 바람이 불었어. 페르시아인들이 즐겨 입던 스카프와 파자마가 들어와 인도인들이 오늘날까지 입는 옷차림이 되었지. 이때부터 인도인들은 쌀과 양고기를 넣어 볶음밥을 만들어 먹기도 했단다.

무굴 회화 글을 읽을 줄 몰랐던 아크바르는 그림에 관심이 많았어. 그래서 궁정으로 페르시아 화가들을 초청해 그림을 그리게 했지.

파자마를 입고 스카프를 한 여인

흔들리는 무굴 제국

샤자한의 아들 아우랑제브 때 무굴 제국은 더욱 번성했어. 17세기 후반에 아우랑제브는 데칸 고원을 넘어 남인도 지역까지 차지했어. 인도 역사에서 가장 넓은 영토를 차지한 거야.

넓은 영토를 차지했지만 아우랑제브의 영광은 오래가지 못했어.

"이슬람교 외에는 인정할 수 없다. 힌두교도에게 다시 세금을 걷도록 하라."

"관리들은 한 명도 빠짐없이 모두 이슬람교를 믿어야 한다."

궁궐 안에 있던 힌두교 사원도 모두 파괴하자 곳곳에서 반발했어.

적은 수의 무굴인들이 넓은 인도를 다스릴 수 있었던 이유는 인도인들과 타협했기

아우랑제브

바드샤이 모스크 아우랑제브가 세운 사원이야. 규모가 매우 커서 이 건물을 짓는 데 막대한 노동력과 비용이 들었어.

때문이야. 그런데 아우랑제브가 일방적으로 이슬람교를 강요하고 나서 반발이 거세졌지. 남부 지역의 힌두인들도 동맹을 맺고 무굴 제국에 대항했어. 시크교도들도 각지에서 반란을 일으켰지. 무굴 제국은 흔들리기 시작했어.

이후 무굴 제국은 빠르게 쇠퇴했어. 결국 작은 나라들이 무굴 제국에서 벗어나 독립을 해 버렸지. 무굴 제국은 점점 쇠퇴해 이전보다 작은 나라가 되었어.

이즈음 무너져 가는 무굴 제국에 손을 뻗치는 세력이 있었어. 바로 유럽 사람들이었지. 무굴 제국에 더 큰 위기가 찾아온 거야.

4 무굴 제국의 등장과 번영

출발! 세계 속으로
힌두 이슬람 문화의 꽃, 타지마할

드디어 타지마할에 왔구나! 타지마할을 궁전으로 아는 사람이 많은데, 궁전이 아니라 무덤이야. 무굴 제국의 황제였던 샤자한이 아내 뭄타즈마할이 죽자, 그녀를 위해 아름다운 무덤을 만든 거란다. 얼마나 아내를 사랑했으면 이런 무덤을 만든 걸까?

샤자한은 시장에서 장신구를 팔고 있던 한 여인에게 반했어. 그녀를 아내로 맞아들이고, '궁전의 꽃'이라는 뜻의 '뭄타즈마할'이라는 이름을 지어 주었지.

"이번에도 나와 함께 전쟁터에 나갑시다. 나는 늘 당신과 함께하고 싶소."

뭄타즈마할

샤자한은 항상 아내와 함께 있고 싶어 했어. 그런데 안타까운 일이 일어나고 말아. 전쟁터에 함께 나간 뭄타즈마할이 열네번째 아이를 낳다가 39세의 젊은 나이에 세상을 떠난 거지.

"나의 사랑하는 아내가 죽다니, 절대 그녀를 떠나보낼 수 없다. 세상에서 가장 아름다운 묘를 짓거라."

샤자한은 아내 뭄타즈마할을 너무도 사랑한 나머지 2년 동안이나 상복을 벗지 않았다고 해. 그리고 타지마할을 짓고, 궁전 지하에 그녀의 시신을 두었어. 자신도 죽은 후에 아내 옆에 나란히 눕게 되지.

"햇빛이 비치니 타지마할이 눈부시게 빛나네요. 뾰족한 탑과 둥근 돔이 어우러져 왠지 모르게 웅장한

샤자한

느낌이 들어요."

타지마할은 '빛의 궁전'이란 뜻이야. 빛의 궁전답게 하얀 돔은 시간마다 서로 다른 빛깔을 내지.

궁전 안으로 들어가 볼까?

"엄청 화려해요. 갖가지 보석들이 반짝이는데요."

세계 각지에서 들여온 보석으로 장식한 거야. 페르시아 등지에서 당시 최고의 건축가와 기술자들을 초청해 만들었다는구나. 무척 화려하고 신비롭지?

"타지마할이 22년 만에 완성된 거라면서요? 어마어마한 공사였겠네요?"

날마다 2만 명의 사람과 1000여 마리의 코끼리가 동원되었다는구나. 공사 중 목숨을 잃은 사람도 많았고. 궁궐을 짓느라 세금도 엄청 거뒀다고 해. 두 사람의 아름다운 사랑을 완성하는 데 백성들의 희생이 뒤따랐던 거지.

타지마할에서 놓치지 말아야 할 광경이 있어. 바로 저거야. 노을이 질 때 정원 수로에 비친 타지마할의 모습. 우리 눈과 마음에 담아 가자!

타지마할

한 걸음 더!

평화를 위한 바부르의 가르침

인도에서 이슬람 제국이 번영을 누리며 발전하는 데 큰 역할을 한 사람은 무굴 제국을 세운 바부르야.

하지만 바부르는 무굴 제국을 세운 지 4년 만에 죽고, 어린 아들 후마윤에게 왕위를 물려주었어. 사실 바부르의 죽음은 갑작스러웠지. 아들 후마윤이 심한 열병에 시달리고 있었는데, 바부르는 아들을 극진히 간호했대. 그런데도 아들의 병이 나을 기미를 보이지 않자 온 마음을 다해 기도했지.

"신이시여, 인간에게 가장 큰 슬픔은 자식을 잃는 것이옵니다. 차라리 아들 대신 제 목숨을 가져가십시오."

바부르의 기도가 하늘을 감동시킨 걸까? 후마윤은 자리를 털고 일어났어. 바부르는 세상을 다 얻은 듯 기뻤지. 그러나 기쁨도 잠시, 바부르는 병을 얻어 자리에 눕게 되었고, 47세에 죽음을 맞이하고 말아.

어린 아들에게 무굴 제국을 맡기고 떠나야 했던 바부르는 걱정이 많았어. 그래서 이런 유언을 남겼단다.

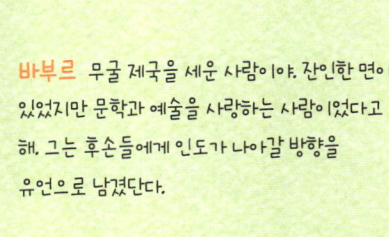

바부르 무굴 제국을 세운 사람이야. 잔인한 면이 있었지만 문학과 예술을 사랑하는 사람이었다고 해. 그는 후손들에게 인도가 나아갈 방향을 유언으로 남겼단다.

"절대로 다른 종교를 차별하지 말거라. 토착민의 마음을 얻으려면 소를 죽이지 말고, 사원도 파괴하지 말거라. 모두를 공평하게 대해야 나라가 평화로울 수 있다. 이슬람교를 전파하려면 칼보다는 사랑과 애정으로 대하라. 이슬람교도끼리의 대립을 피하라. 백성들의 다양성을 인정하라."

무엇보다 바부르는 힌두교도와 대립하지 말고, 하나가 되기 위해 노력하라고 당부했어. 후손들은 바부르의 가르침을 따르며 인도를 평화롭게 다스리기 위해 노력했단다.

바부르와 후마윤 바부르(왼쪽), 그의 선조 티무르(가운데)와 바부르의 아들 후마윤(오른쪽)의 모습이야.

고기를 주식으로 하는 유럽인들에게 후추나 계피 같은 향료가 넘쳐 나는 인도는 너무도 매력적인 곳이었어. 유럽 여러 나라들은 지중해나 서남아시아를 거치지 않고, 인도와 직접 무역하기 위해 앞다퉈 배를 띄웠지. 무역을 독차지하기 위해 영국과 프랑스가 싸움을 벌이기도 했어. 과연 두 나라 중 어느 나라가 인도를 상대로 무역을 독점하게 되었을까? 인도 땅에 접근해 온 유럽 세력을 인도인들은 잘 막아 냈을까?

1757년
플라시 전투

1857년
세포이 항쟁

5
영국의 식민지가 된 인도

1858년
무굴 제국 멸망

1877년
영국령 인도 제국 수립

영국 동인도 회사, 인도 곳곳을 차지하다

17세기 인도 땅에 서양 세력이 몰려왔어. 15세기 말부터 교역하기 시작한 포르투갈에 이어 영국, 프랑스도 무역 경쟁에 뛰어들었지.

"인도와 동남아시아의 향료 무역을 포르투갈이 독점하고 있으니……."

"우리 영국도 동인도 회사를 통해 인도와 무역의 길을 열어야겠소."

영국 동인도 회사는 무역 회사야. 인도를 상대로 한 무역을 독점하기 위해 영국 엘리자베스 여왕의 허가를 받아 만들어진 회사지. 나중에는 인도를 통치하는 역할까지 담당하게 된단다.

1757년, 영국은 플라시 전투에서 프랑스에 승리해 벵골 지역을 지배할 수 있는 권한을 얻게 되었어. 이후 벵골 지역을 점령한 영국은 동인도 회사를 통해 인도 향료와 면직물을 싼값에 사들였어. 자기들 마음대로 부릴 수 있는 통치자를 세워서 말이야.

인도인의 면직물 짜는 모습 인도의 면직물은 질이 좋고 값이 싸 영국에서 큰 인기를 누렸어.

"영국 상품에 대한 관세를 면제한다!"

"벵골 지역의 세금은 영국이 갖는다!"

영국은 그 세금으로 다시 인도에서 향료나 질 좋은 면직물을 사들였어. 한마디로 인도 사람들 돈으로 인도 물건을 사서 영국으로 가져가 버린 거야.

이후 영국은 야금야금 인도 땅을 차지했어. 당시 인도의 여러 나라는 영국에 맞서기 위해 힘을 모으지 않았어. 오히려 이웃 나라를 차지하기 위해 영국을 끌어들이기도 했지. 멀리서 온 영국을 위험한 존재라고 생각하지 않았던 거야. 영국은 우월한 군사력을 바탕으로 인도 여러 나라의 경쟁과 대립을 잘 이용했어. 그런 뒤에 결국 영국에 무릎 꿇게 만들었지. 이후 영국은 인도를 근거지로 동아시아와 동남아시아까지 세력을 뻗어 나갔단다.

동인도 회사 인도와의 무역을 독점하기 위해 영국이 만든 무역 회사야. 영국이 벵골 지역을 다스리게 되면서 막대한 이익을 남기게 되었지.

인도, 영국의 상품 시장이 되다

"기계로 면직물을 대량 생산하게 되었으니, 인도의 면직물을 들여올 필요가 없습니다."

"인도에서 면화를 들여오고, 인도에 영국의 면직물을 팔아야 하오."

18세기 후반 산업 혁명 이후 영국과 인도의 무역에 변화가 생겼어. 영국이 자신들이 만든 면직물을 인도에 팔기 시작한 거야.

질 좋은 면직물을 수출하던 인도가 이제 영국의 면직물을 사서 쓰는 처지가 되어 버렸어. 그뿐 아니야. 영국은 면직물을 생산하지 못하도록 베틀을 부셨어. 또 인도에서 질 좋은 면직물을 생산할 수 없게 하기 위해 사람들의 엄지손가락을 잘라 버리기도 했대.

"중국에서만 차를 수입해 올 필요는 없습니다. 인도에도 차를 재배하

기에 적합한 땅이 많답니다."

영국인들은 인도 땅 곳곳에 차를 재배하도록 강요했어. 식량 생산지는 줄어들고, 굶주림에 시달리는 인도인이 늘어났지. 굶어 죽은 사람들의 뼈가 들판을 하얗게 덮었다는 이야기도 전해지고 있어. 당시 유럽인의 평균 수명이 60세였는데, 인도인의 평균 수명은 32세밖에 안 되었단다.

인도에서 생산한 물품을 실어 나르기 위해서 철도가 놓였어. 인도의 생활 방식과 문화를 영국식으로 바꾸어 지배하는 데 편리하게 했지.

"야만적인 인도인들에게 신사의 나라인 영국의 문명을 전하는 것이 우리의 의무입니다."

"예수님 말씀도 전하고, 나쁜 관습도 모두 없애도록 합시다."

영국은 인도인들에게 자신들에 대한 인상을 좋게 심어 주려고 했어. 영어도 가르치고 대학도 세웠지만, 인도인들의 시선이 곱지 않았어. 새로운 학문을 가르친다는 이유로 인도의 관습을 무시하고, 자기들 입맛에 맞게 인도를 바꾸려고 했으니까. 인도인들의 불만이 차곡차곡 쌓여 갔단다.

인도인의 사티 전통을 바라보는 영국인들 영국은 인도의 부정적인 모습을 찾아내고, 자신들의 지배를 합리화하려고 했어.

세포이들이 들고일어나다

"이슬람교도인 나에게 더럽고 추잡한 돼지기름이 묻은 탄약포를 입으로 찢으라고?"

"우리 힌두교도들에게 신성한 쇠기름이 묻은 탄약포를 입으로 찢으라니 참을 수 없다!"

1857년, 영국인에게 고용된 인도 병사 세포이들이 영국인 장교를 살해했어. 왜 그랬을까? 세포이에 대한 차별이 심했고, 영국군이 이슬람교도와 힌두교도가 대부분인 그들의 종교와 의견을 무시한 채 일방적인 명령을 내렸기 때문이야.

세포이들의 항쟁에 인도 국민들도 힘을 보탰어.

"델리의 붉은 성으로 갑시다! 영국인들을 몰아냅시다!"

"무굴 제국을 다시 일으킵시다!

이들은 영국인들을 몰아내고, 무굴 제국의 황제 바하

두르샤 2세를 지도자로 세웠어.

이 소식이 전해지자 더 많은 인도인이 항쟁에 참여했단다. 원료를 다 뺏긴 채 비싼 영국 물건을 사서 써야 하는 농민과 수공업자, 자신들의 특권을 모두 잃어버린 귀족들도 나섰어.

"영국인은 모두 죽여라! 크리스트교를 믿는 인도인들도 죽여라!"

인도인의 손에 죽어 가는 영국인이 점점 늘어 갔어. 하지만 영국군이 근대식 무기를 앞세워 대대적인 공격을 퍼붓자 델리는 다시 영국군에게 점령되었고, 무굴 제국의 황제는 체포되고 말았지.

영국군은 세포이뿐만 아니라 여성과 어린아이들까지 닥치는 대로 죽였어. 이슬람교도와 힌두교도들에 대한 탄압은 상상을 초월할 정도였지. 돼지 피와 소 피를 억지로 먹이고, 세포이들을 대포에 매달기도 했다는구나. 산 채로 가죽을 벗겨 죽이기도 했고.

세포이 항쟁은 2년여 만에 진압되었어. 하지만 영국 정부는 인도 국민을 얕잡아 봐서는 안 된다는 것을 깨달았지.

인도 러크나우를 공격하는 영국군 러크나우는 세포이들의 항쟁의 중심지로서 세포이들이 마지막까지 영국군에 맞서 싸운 곳이야.

영국, 분리 정책으로 인도를 다스리다

"동인도 회사를 해체하고, 내가 직접 지배하겠소."

"황제도 다른 나라로 쫓겨나고, 무굴 제국도 역사 속으로 사라졌으니, 이제 인도는 영국의 영원한 식민지가 될 것이오."

세포이 항쟁으로 놀란 영국 여왕은 인도를 직접 지배하겠다고 선언했어. 1877년, 영국령 인도 제국이 탄생한 거야. 영국 빅토리아 여왕이 인도 제국의 황제를 겸하게 된 거지.

"자신들의 관습과 제도를 억지로 바꾸라고 하니 세포이들이 반란을 일으킨 거요."

"인도를 잘 다스릴 다른 방법을 찾아야겠소."

인도를 식민지로 만든 영국은 통치 방식을 바꿨어. 인도인들의 제도와 관습을 어느 정도 인정하는 대신 분리 정책을 실시했지. 서로 다른 신분끼리, 다른 종교를 믿는 사람끼리 대립하게 만든 거야.

지배층으로 자리 잡은 인도의 영국인 스코틀랜드 출신의 총독이 물담배를 피우며 인도 음악 연주를 관람하고 있어. 동인도 회사 직원이 인도의 지배 계층으로 자리 잡은 상황을 잘 보여 주는 그림이야.

영국군 중 인도 군인인 세포이의 수도 줄였어. 힌두교도와 이슬람교도 대신 시크교도를 고용했고, 유럽인들의 수도 늘렸단다.

인도 국민들의 삶은 어땠을까?

"휴~ 값싼 영국의 상품들 때문에 우리 물건은 팔리지가 않네."

인도의 수공업자들은 살아남을 수가 없었어. 상인들도 마찬가지였지. 토지를 빼앗긴 농민들의 삶은 더욱 어려웠어. 가뭄까지 겹쳐 수많은 사람이 죽어 나갔단다.

출발! 세계 속으로

인도의 수도 델리를 찾아서

인도의 수도 델리는 무굴 제국의 수도였던 구도시 올드델리와 영국 지배 이후 개발된 신도시 뉴델리로 나뉜단다.

우리는 주로 올드델리를 돌아볼 거야. 길은 좁고 복잡한데, 쉼 없이 울려 대는 오토바이 경적 소리에 귀도 아플 거야. 여행을 시작하기 전에는 마스크를 꼭 해야 해. 매연과 냄새가 심하거든.

올드델리에서 꼭 봐야 할 곳이 바로 저기 보이는 '랄 킬라'야. '붉은 성'이라는 뜻이지. 무굴 제국의 황제 샤자한이 지은 성이야. 높은 벽과 성 주위에 둘러 판 못 해자가 건물 주위를 둘러싸고 있어. 안타깝게도 세포이 항쟁 때 많이 파괴되었지. 영국군이 무굴의 상징을 없애려고 했던 것 같아.

다음은 인도에서 가장 오래된 시장 찬드니 초크로 가 볼까?

"사람들이 참 많군요. 거리도 복잡하고요. 자동차와 릭샤도 다니고, 저기 소도 지나가네요. 세상에서 가장 복잡한 곳 같아요."

저기가 랄 킬라야.

랄 킬라 왕궁 이곳에서 인도의 초대 총리가 영국으로부터 독립을 선언했어.

델리 거리 인도인들의 교통수단인 릭샤를 타고 돌면 올드델리 시내를 조금은 편하게 돌아볼 수 있단다.

그래도 이곳이 100년의 역사를 자랑하는 시장이야. 보석 시장, 꽃 시장, 향료 시장 등 거리마다 파는 물건이 각각 다르지. 그런데 앞으로 찬드니 초크가 개발된다고 하니 어떤 모습으로 바뀔지 궁금한 걸? 왠지 인도의 전통 시장이 사라진다니 아쉽기도 하고.

이제 저기 보이는 이슬람 사원인 자마 마스지드로 가 보자. 자마 마스지드는 '금요일의 모스크'라는 뜻이야. 이슬람교에서는 금요일이 쉬면서 예배를 드리는 안식일이거든. 인도에 있는 이슬람 사원 중 가장 규모가 큰 사원이지. 샤자한 때 짓기 시작했지만 그가 죽은 뒤에나 완성되었다고 해.

"와, 이 광장은 왜 이렇게 넓어요?"

광장에서는 한꺼번에 2만 5000명이 모여 예배를 드리기도 한단다.

델리를 돌아보고 난 느낌이 어때? 정신없고 복잡하다고? 인도 사람들이 살아가는 모습을 느낄 수 있어 좋지 않니?

자마 마스지드 사원 무굴 제국 시대를 대표하는 건축물이란다. 둥근 돔, 높은 탑의 섬세한 장식과 균형미가 돋보이는 건축물이지.

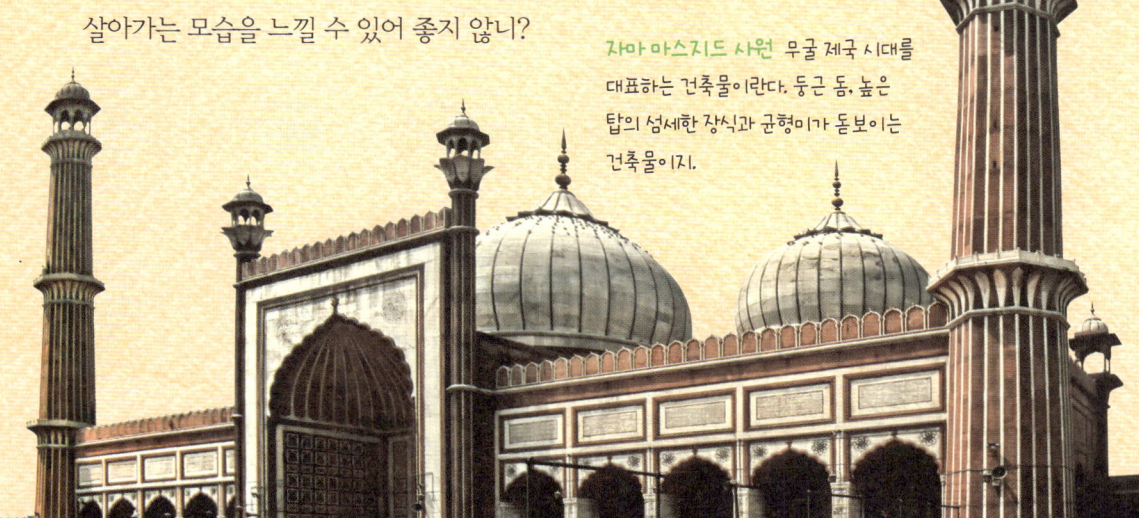

한 걸음 더!

인도의 잔 다르크, 락슈미바이

"영국의 중요한 요새를 공격하라."

말을 타고 달려온 한 여성이 비장한 표정으로 외쳤어. 그녀는 인도의 잔 다르크로 불리는 락슈미바이였어.

그녀는 인도의 작은 나라인 잔시 왕국의 왕비였어. 왕자를 낳았지만 4개월 만에 죽는 바람에 잔시 왕국에는 후계자가 없었어. 그러자 영국은 후계자가 없다는 이유로 잔시 왕국을 강제로 점령해 버렸단다.

영국군이 세포이 항쟁을 진압하기 위해 잔시를 잠시 비우게 되었을 때 락슈미바이는 군대를 조직해 잔시를 지키기 위해 나섰어. 그녀는 어려서부터 승마, 호신술, 활쏘기 등을 배워 남성 못지않은 전투 능력을 갖추고 있었거든. 곧 영국군이 다시 공격해 왔어.

"저들에게 잔시를 다시 내줄 수는 없다. 끝까지 저항하라!"

남장을 한 락슈미바이가 비장한 목소리로 외쳤어. 그녀는 2주 동안 잔시의 군대를 이끌며 영국군에 저항했어. 하지만 우수한 무기를 가진 영국군을 이길 수는 없었지.

락슈미바이는 새로운 방법을 찾기 위해 적극적으로 나섰어. 잔시를 포기하고 탈출한 그녀는 먼 길을 달려가 영국군의 요새를 점령해 버렸단다. 깜짝 놀란 영국군은 엄청난 수의 군대를 동원해 공격을 퍼부었어. 안타깝게도 락슈미바이는 영국군의 총에 맞아 23세의 나이로 죽음을 맞이했어.

하지만 인도 사람들은 그녀가 여전히 살아 있다고 믿었어. 인도인들의 가슴속에 그만큼 깊이 남았던 거지. 영국군마저도 '반란군 중 가장 용감하고 위대한 인물'이라고 평가할 정도였다는구나.

영국군에 끝까지 맞서 싸웠던 락슈미바이를 '인도의 잔 다르크'라고 부를 만하지? 인도의 여성들이 차별을 받고 살았지만, 락슈미바이처럼 당당하게 나선 영웅적인 인물도 있었단다.

전 세계 사람들에게 평화의 상징이자, 위대한 영혼으로 존경받는 사람이 있어. 바로 '마하트마 간디'야. 인도 독립 운동의 아버지로 불리는 사람이지. 영국의 식민 지배에서 벗어나기 위해 간디는 온몸을 바쳐 독립 운동을 벌였어. 자신이 직접 물레를 돌려 옷감을 짜고, 옷을 만들어 입기도 했지. 그런데 왜 간디는 스스로 물레를 돌렸을까?

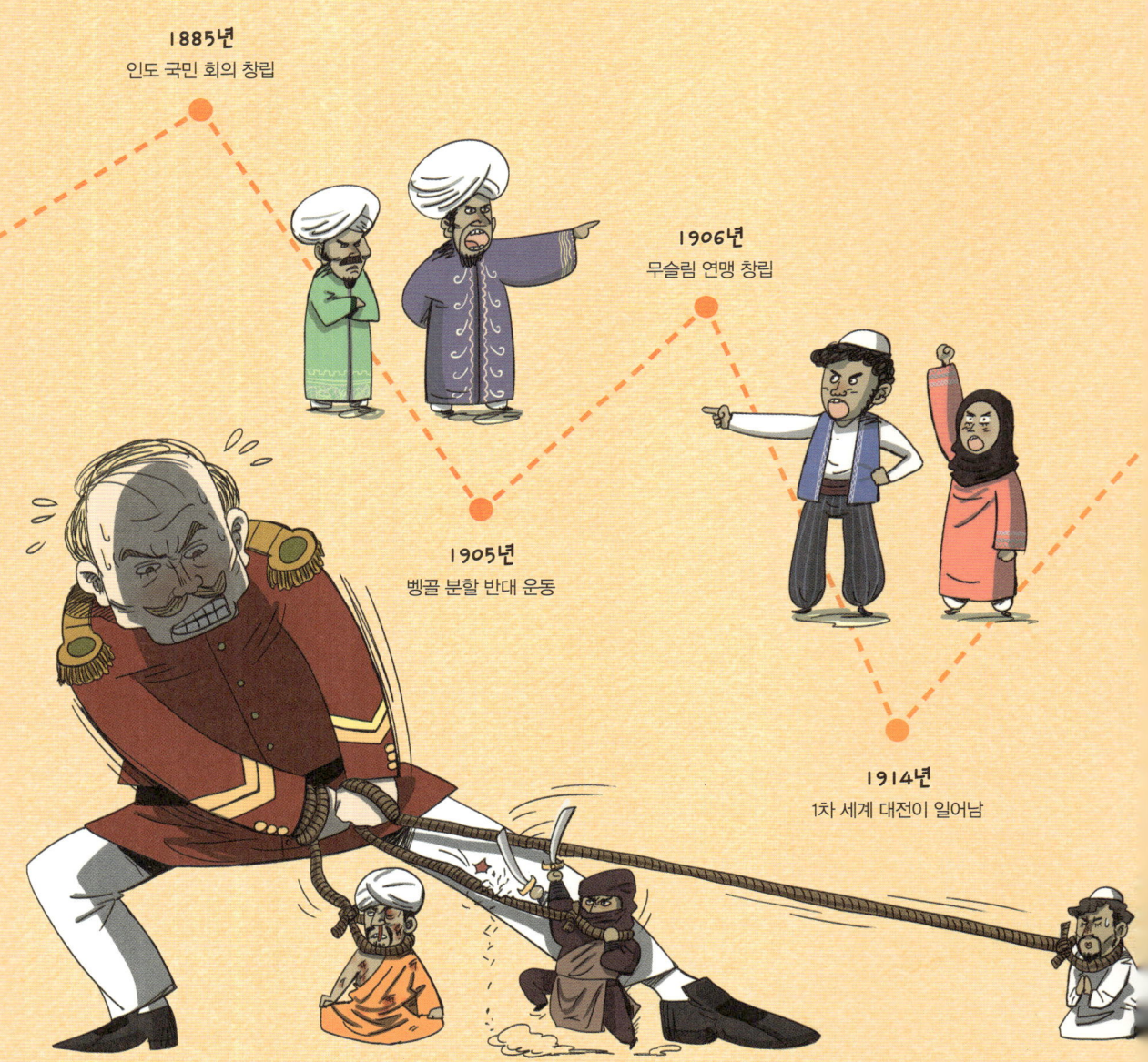

1885년
인도 국민 회의 창립

1906년
무슬림 연맹 창립

1905년
벵골 분할 반대 운동

1914년
1차 세계 대전이 일어남

6

인도의 독립 운동

1919년
간디, 불복종 운동 전개

1947년
인도와 파키스탄,
각각 임시 정부 수립

1939년
2차 세계 대전이 일어남

인도 국민 회의, 반영 운동의 중심에 서다

"우리 땅에서 나는 것을 빼앗아 가고, 우리를 노예처럼 부리니, 더 이상 참을 수 없소."

"영국이 인도인들을 관리로 쓰지만, 차별 대우가 너무 심하오."

인도의 농민, 상인, 수공업자들뿐만 아니라 지주나 자본가들도 영국의 식민 지배에 불만을 터뜨리기 시작했어.

1885년, 영국 정부는 인도인들이 만든 '국민 회의'를 인정했어. 인도의 지주나 자본가들에게 불만을 이야기할 기회를 줘서 인도 국민들의 폭발을 막으려는 의도였지. 처음에는 영국의 의도대로 잘 되었어. 인도 국민 회의는 영국의 지배를 인정했고, 지주나 자본가들은 자신의 이익을 챙기며 소극적으로 활동했거든.

"벵골주가 넓어서 통치하기 힘드니 동벵골과 서벵골로 나누어 통치하겠다."

인도 국민 회의 창립 국민 회의는 벵골 분할령을 계기로 반영 운동에 앞장서기 시작했어.

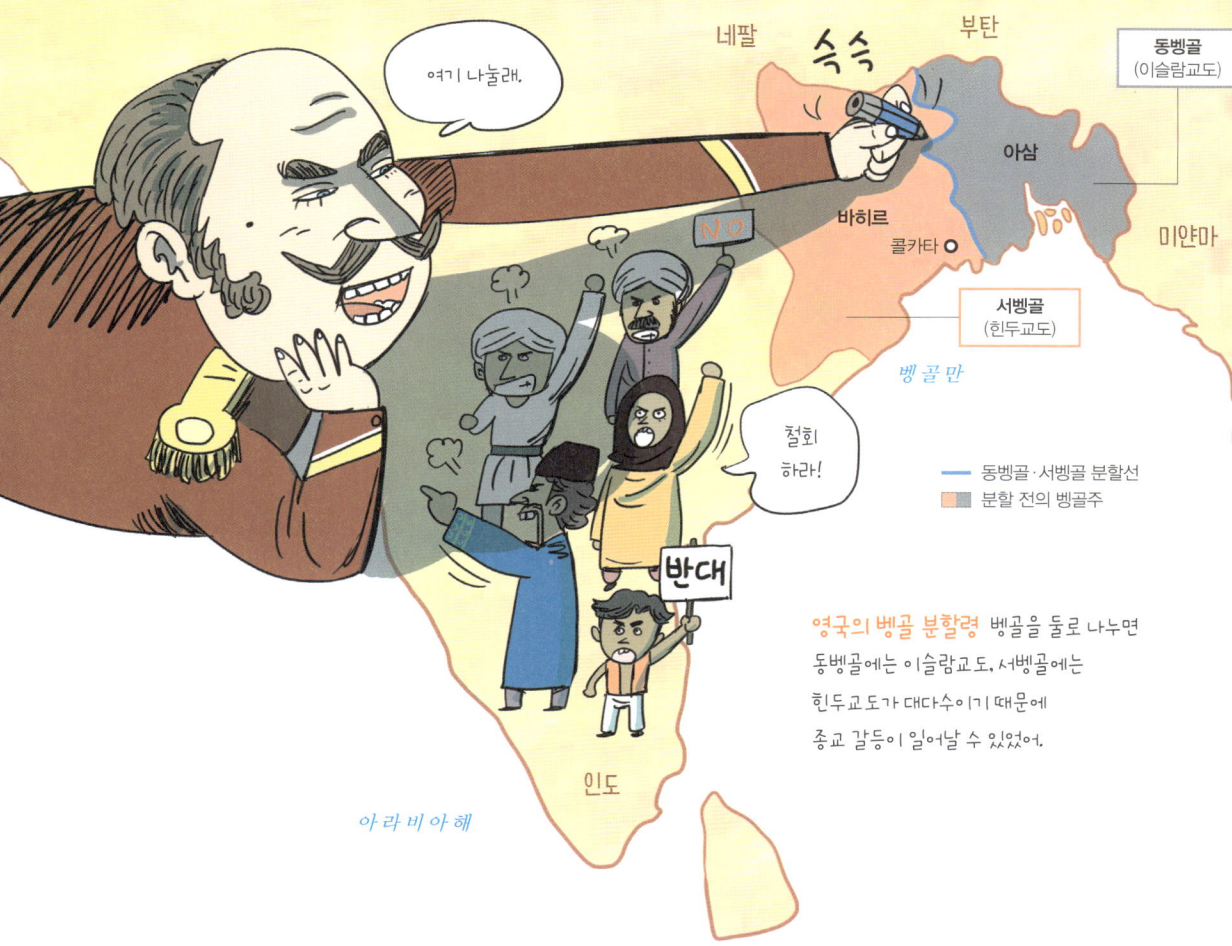

1905년, 영국이 '벵골 분할령'을 발표했어. 반영 운동이 거센 지역이었기 때문에 종교 갈등을 일으켜 서로 싸우게 하려고 한 거지. 이 같은 조치는 국민 회의를 자극했어.

"영국 상품을 사지 맙시다! 우리 스스로 인도를 통치하도록 합시다!"

국민 회의가 먼저 자치(스와라지), 국산품 애용하기(스와데시), 영국 상품 사지 않기, 국민 교육 실시 등을 주장했어. 인도 국민들이 하나둘 저항의 목소리를 높이더니, 그 수가 점점 늘어났어. 심지어 어린이들도 참여했단다.

인도인들의 저항에 깜짝 놀란 영국은 한발 물러날 수밖에 없었지. 결국 영국은 1911년에 벵골 분할령을 거두어들였단다.

간디, 불복종 운동을 벌이다

1914년, 1차 세계 대전이 일어나자 인도의 지도자들은 모두 영국을 돕기로 했어. 전쟁 기간에 영국을 도우면, 인도에게 스스로 다스릴 수 있는 자치권을 주겠다고 약속했거든.

"무기 사용법을 배우시오. 전쟁터로 나가 영국을 도우시오."

인도의 지도자들은 전쟁터에 나가도록 국민들을 설득했어. 120만 명의 인도 국민이 전쟁에 동원되었고, 어마어마한 전쟁 비용도 댔지.

마침내 영국이 승리했어. 하지만 영국은 인도에 자치권을 주지 않았어. 인도 국민들은 약속을 어긴 영국에 분노했고 곳곳에서 시위를 벌였어. 그러자 영국은 집회와 시위를 금지하는 법을 만들었어. 시위대를 향해 총을 쏴 2000여 명이 죽는 사태가 일어나기도 했단다.

그즈음 간디가 인도 민족 운동에 모습을 드러냈어. 간디는 비폭력·불

복종 운동을 중심으로 대중 운동을 이끌었어.

간디는 불복종의 표시로 영국 정부의 소금 독점 판매에 반대하는 행진을 벌였어. 당시 영국 정부는 소금법을 만들어 자신들만 소금을 만들고 팔 수 있도록 했단다.

간디는 맨발로 소금이 있는 바닷가로 향했어. 간디가 1388킬로미터를 걷는 동안 수많은 사람이 그를 따랐단다. 25일 만에 도착한 바닷가에서 물을 떠서 햇빛에 말려 소금을 만들었어. 이는 영국에 대한 강력한 저항의 표시였지.

영국은 간디와 네루를 비롯한 국민 회의 지도자들을 모두 구속했어. 이는 인도인의 더 큰 저항을 불러왔어. 영국의 총칼에 억눌려 수많은 사람이 죽고 다쳤으며, 6만여 명이 감옥에 갇혔어.

인도 독립의 길은 아직도 멀기만 한 걸까?

간디의 소금 행진 영국 정부는 소금 생산을 독점하고 과도한 세금을 물렸어. 간디는 이에 대항해 소금 행진을 벌였단다.

독립을 향한 다양한 운동이 일어나다

"국민 회의를 주도하고 있는 사람들은 대부분 힌두교도들이오. 이슬람교도가 소수라고 우리를 무시하는 거요?"

"그럴 리가 있겠소. 우리와 힘을 합쳐 독립 운동을 펼쳐 나갑시다."

이슬람교도들이 만든 무슬림 연맹은 늘 불만이었어. 결국 그들은 자신들만의 독립된 나라를 만들기로 했어. 국민 회의의 비폭력 저항 운동과는 다른 다양한 저항 운동이 일어난 거지.

"비폭력 저항에 영국이 눈이나 깜짝할 것 같소. 무장 투쟁으로 대항해야 하오."

사회주의자들도 등장했지. 하지만 이들의 바람은 오직 하나, 바로 영국으로부터 독립하는 것이었지. 다양한 형태의 독립 운동은 분열이 아니야. 다만 독립을 향해 가는 길이 달랐을 뿐이란다.

독립, 꿈도 꾸지 마!

그래도 폭력은 안 되오.

무장 투쟁이 독립의 지름길!

암베드카르
암베드카르는 인도인들에게 불가촉천민의 아버지로 불려.

인도의 독립 운동이 한창일 때, 인도 안의 문제에 눈을 돌린 사람이 있었어. 바로 암베드카르야. 그는 불가촉천민 출신이었지만, 아버지가 영국군 세포이였던 덕에 미국 유학을 다녀왔어. 하지만 늘 차별을 받아야 했지. 마음대로 물을 먹을 수도 없고, 화장실도 자유로이 사용할 수 없었대. 직장 동료들은 같은 공간에서 일하기를 싫어했어. 자연스레 암베드카르는 불가촉천민 차별 철폐 운동에 앞장서게 된단다.

"도시의 물을 불가촉천민도 사용할 권리가 있소."

"불가촉천민들이 힌두교 사원에 마음대로 드나들 수 있게 해 주시오."

하지만 차별은 쉽게 없어지지 않았단다.

독립은 꿈꾸는 자들의 몫이지요.

6 인도의 독립 운동 91

2차 세계 대전과 인도의 독립

인도 국민들의 저항이 계속되자 영국은 한 발 물러섰어.

"인도의 자치를 일부 허용한다!"

1935년에 영국은 새로운 인도 통치법을 발표했어. 형식적으로라도 자치를 허용하지 않을 수 없었던 거야.

1939년에 2차 세계 대전이 일어나자 영국은 인도인들을 강제로 동원하려 했어. 인도 국민 회의가 강하게 반발했지.

"전쟁이 끝나면 자치권을 줄 테니 전쟁에 참여하시오."

"무슨 소리요. 우리는 자치를 원하지 않소. 완전한 독립을 원할 뿐이오."

인도 국민 회의는 영국의 요구를 거부했어.

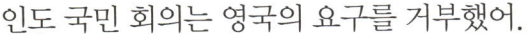

네루와 진나 인도의 초대 총리인 네루(왼쪽)와 파키스탄의 초대 대통령인 진나(오른쪽)의 모습이야.

파키스탄으로 떠나는 이슬람 난민

인도와 파키스탄의 분리 독립

영국은 이를 무시하고 인도인들을 강제로 전쟁에 동원했어. 일부 전쟁 비용도 인도가 대도록 했지. 이번에도 전쟁은 영국의 승리로 끝났어. 인도인의 역할이 컸기에 영국은 더 이상 식민 지배를 이어갈 수 없었어. 인도가 지불한 엄청난 전쟁 비용을 갚을 수 없었고, 인도인 경찰과 관리, 군인의 비율이 늘어 영국의 통치력도 크게 약해졌거든. 인도는 꿈에 그리던 독립을 약속 받았어.

그런데 안타까운 일이 생겼어. 정부 수립을 둘러싸고 국민 회의와 무슬림연맹이 대립한 거야.

"힌두교도가 많으니, 인도는 힌두교 중심의 나라여야 하오."

"무슨 소리요. 이슬람교도의 권리도 인정받는 나라여야 하오."

이들은 끝내 입장 차이를 좁히지 못했어. 결국 1947년 6월에 힌두교도 중심의 인도와 이슬람교도 중심의 파키스탄이 따로따로 임시 정부를 세웠단다.

6 인도의 독립 운동

식민지 흔적이 남아 있는 콜카타

오늘은 인도의 마지막 여행지인 콜카타로 가 볼까?

콜카타는 서벵골주에 있어. 인도에서 세 번째로 큰 도시야. '콜카타'라는 이름은 죽음과 파괴의 여신인 '칼리'에서 나온 거래. 영국의 동인도 회사가 인도에 진출한 뒤로 콜카타는 줄곧 식민 지배의 중심지로서 수도 역할을 했어. 그러다 1912년에 수도가 뉴델리로 옮겨 갔지.

"이 거리는 지금까지 봐 온 인도 도시의 모습과는 뭔가 다른데요? 마치 유럽에 온 것 같아요."

영국의 지배를 받던 시기에 만들어진 건물들이 곳곳에 그대로 남아 있어서 그래.

"엄마, 저 큰 건물은 뭐예요? 눈에 확 띄는데요."

영국의 식민 지배를 상징하는 빅토리아 기념관이야.

여긴 마치 유럽 같아.

빅토리아 기념관 영국 식민 통치 시기의 기록들이 그대로 전시되어 있어. 유럽의 전통 건축 양식과 인도의 이슬람 양식으로 지어졌지.

영국은 타지마할보다 뛰어나고, 인도에서 가장 멋진 영국식 건물을 지으려고 했어. 자신들의 식민 지배의 정당함을 보여 주기 위해서 말이야.

그런데 인도는 왜 영국 건물을 허물지 않고 그대로 두고 있을까? 아마도 아픈 역사를 잊지 않고 기억하기 위해서일 거야.

이곳은 '비비디 박' 거리야.

"여기도 영국풍 건물이 많네요."

영국의 동인도 회사가 있었던 거리거든. 지금은 주 정부 건물이 들어서 있지.

"택시 색깔이 모두 노란색이에요."

콜카타에서만 볼 수 있는 모습이지. 저것 좀 봐. '트램'이라는 전차야. 1870년대부터 달리기 시작한 전차가 아직도 달리고 있구나!

"마치 타임머신을 타고 근대로 온 것 같아요!"

트램 1870년대부터 달리기 시작한 트램이 지금도 남아 있는 유일한 곳이 콜카타란다. 식민지 시대에는 남녀, 신분에 따라 서로 다른 칸에 타야 했지.

우아~ 과거로 온 것 같아.

6 인도의 독립 운동

어린이들의 세계사

세상에서 가장 슬픈 결혼, 조혼

"우리는 결혼하기에는 너무 어려요, 학교에서 공부하고 싶어요!"

2005년 인도 북동부 지역에서 1000명이 넘는 18세 미만의 어린 소녀들이 소리 높여 외쳤어. 이 시위는 힌두교에서 결혼하기 좋은 날로 정한 떼즈 축제 전날 일어났지. 부모 손에 이끌려 수많은 어린 소녀가 결혼을 하러 오는 날이거든.

우리나라에서도 고려 시대에 원나라에 공녀로 끌려가지 않기 위해 조혼이 유행한 적이 있었어. 인도에서는 왜 어린 소녀들이 결혼하는 조혼 풍습이 생긴 걸까?

인도는 힌두교의 전통에 따라 열 살도 안 된 여자아이를 남편 집으로 시집보내는 관습이 있었어. 인도의 고대 법전 《마누 법전》에도 '30세 남성과 12세 여성', '24세 남성과 8세 여성'의 결혼이 가장 이상적이라고도 쓰여 있어. 그 전통이 아직까지

이어지고 있는 거야.

　인도 근대화의 아버지인 람 모한 로이는 조혼 폐지 운동을 벌였단다. 그 덕분에 1929년부터 미성년자의 결혼을 금지하고 있지. 하지만 여전히 인도 여성의 47퍼센트는 18세 이전에 결혼을 한다는구나.

　결혼이란 사랑하는 사람과 함께 새로운 가정을 꾸리는 거야. 전 세계에 조혼 풍습으로 고통받는 어린 소녀들이 너무도 많아. 어린 나이에 출산하다 죽는 일도 많고, 어린 나이에 과부가 되는 여성도 많지.

　유엔에서도 2030년까지 조혼을 뿌리 뽑겠다고 선언하고 나섰어. 인도에서도 하루빨리 조혼과 같은 나쁜 풍습이 사라져야 더욱 발전할 수 있을 거야.

인도의 어린 신부

라스미 사르가라 인도의 조혼 풍습 때문에 태어나자마자 한 살 때 결혼을 하게 되었다고 해. 부모님과 청소년기를 보내다 18세가 되면 남편 집으로 가게 되었는데, 인권 단체 등의 도움으로 법원에서 무효 판결을 받았단다.

람 모한 로이

한 걸음 더!

간디는 왜 물레를 돌렸을까?

마하트마('위대한 영혼'이라는 뜻) 간디는 진정한 용기를 가졌기에 두려움이 없었단다. 하지만 어릴 때는 다소 겁 많은 아이였다고 해. 영국에서 공부해 변호사가 된 청년 시절에도 여전히 숫기가 없었어. 재판정에서 변호도 제대로 못할 정도였지.

그러던 어느 날 소송 사건을 맡아 남아프리카 공화국에 가게 되었어. 그곳 역시 영국의 식민지였기에 백인의 지배를 받고 있었지.

"남아프리카 공화국에서는 백인만 1등석을 탈 수 있소. 얼른 3등석으로 가시오."

당시 남아프리카 공화국에 살고 있는 수많은 인도인이 피부색이 다르다는 이유로 차별을 받았어. 남아프리카 공화국은 '아시아인 등록법'까지 만들어 인도인을 차별하고 노예처럼 부리려 했지.

"이 법은 검은 법이오. 따를 필요가 없소. 등록증을 모두 불태우시오."

이제 더 이상 겁 많은 간디가 아니었어. 간디는 평화 행진을 벌이며 저항을 했단다. 이러한 비폭력 저항 운동을 '사티야그라하 운동'이라고 해. '진리를 지킨다.'는 뜻이야. 남아프리카 공화국 정부가 이 저항 운동을 폭력으로 탄압하자, 전 세계인들이 이를 비난하기 시작했어. 그 덕분에 인도인을 괴롭히던 악법도 사라졌단다.

"인도인들이여, 노동하지 맙시다!"

고국으로 돌아온 간디는 인도인들에게 호소했어. 인도인들이 일을 하지 않으면 영국이 빼앗아 갈 게 없잖아.

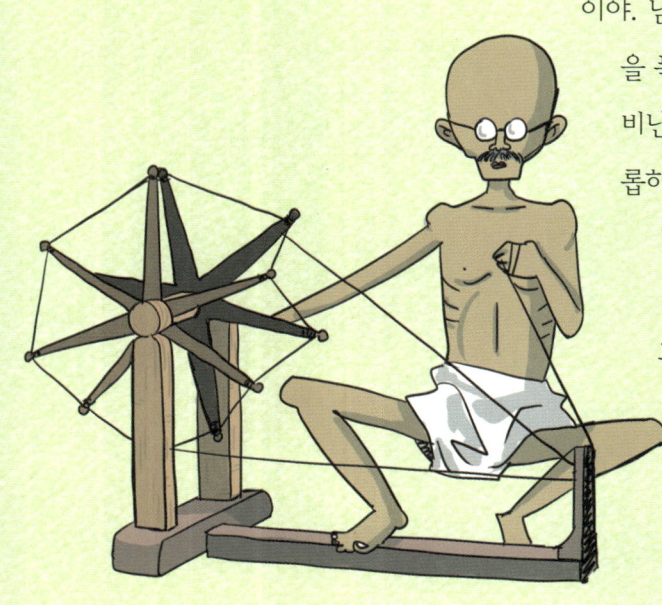

간디가 그려진 인도 지폐 인도의 모든 지폐에는 간디가 들어가 있단다. 간디는 '인도 건국의 아버지'이자 '위대한 영혼'으로 존경받고 있어.

간디의 유품들 간디가 남긴 유품들은 그의 검소한 생활을 보여 준단다.

"스스로 물레를 돌려 옷을 만들어 입읍시다! 영국의 물건을 절대 사지 맙시다!"

값싼 영국 제품 때문에 다 죽어 가는 인도 수공업자들을 위해 간디는 스스로 물레를 돌렸어. 간디의 비폭력적인 저항 운동에 수많은 인도인이 뜻을 같이했단다.

영국 정부는 총칼을 동원해 탄압했어. 간디도 여러 차례 감옥에 갇혔지. 하지만 끝까지 비폭력적으로 맞섰고, 인도인들 역시 그를 지지하며 저항했어.

간디와 인도인들의 끈질긴 저항 덕분에 인도는 마침내 독립을 이루었어. 전 세계인들은 인도를 보며 비폭력 저항을 통해서도 독립을 이룰 수 있다는 희망을 품게 되었단다.

간디 영국 의회 광장에 서 있는 간디 동상이야. 잘못된 과거를 잊지 않고 인도인들에게 사과하는 의미에서 영국에 간디 동상을 세웠다는구나.

앞으로 경제적 성장 가능성이 가장 높은 나라는? 이 질문에 세계 32개국 7000여 명의 기업가들이 입을 모아 인도를 꼽았단다. 영국의 식민 지배로 고통받았지만, 스스로의 힘으로 독립을 이루었고, 독립 후에도 변화의 바람을 일으키며 빠르게 성장을 이어 오고 있어. 독립 후 인도에는 어떤 변화가 일어난 걸까?

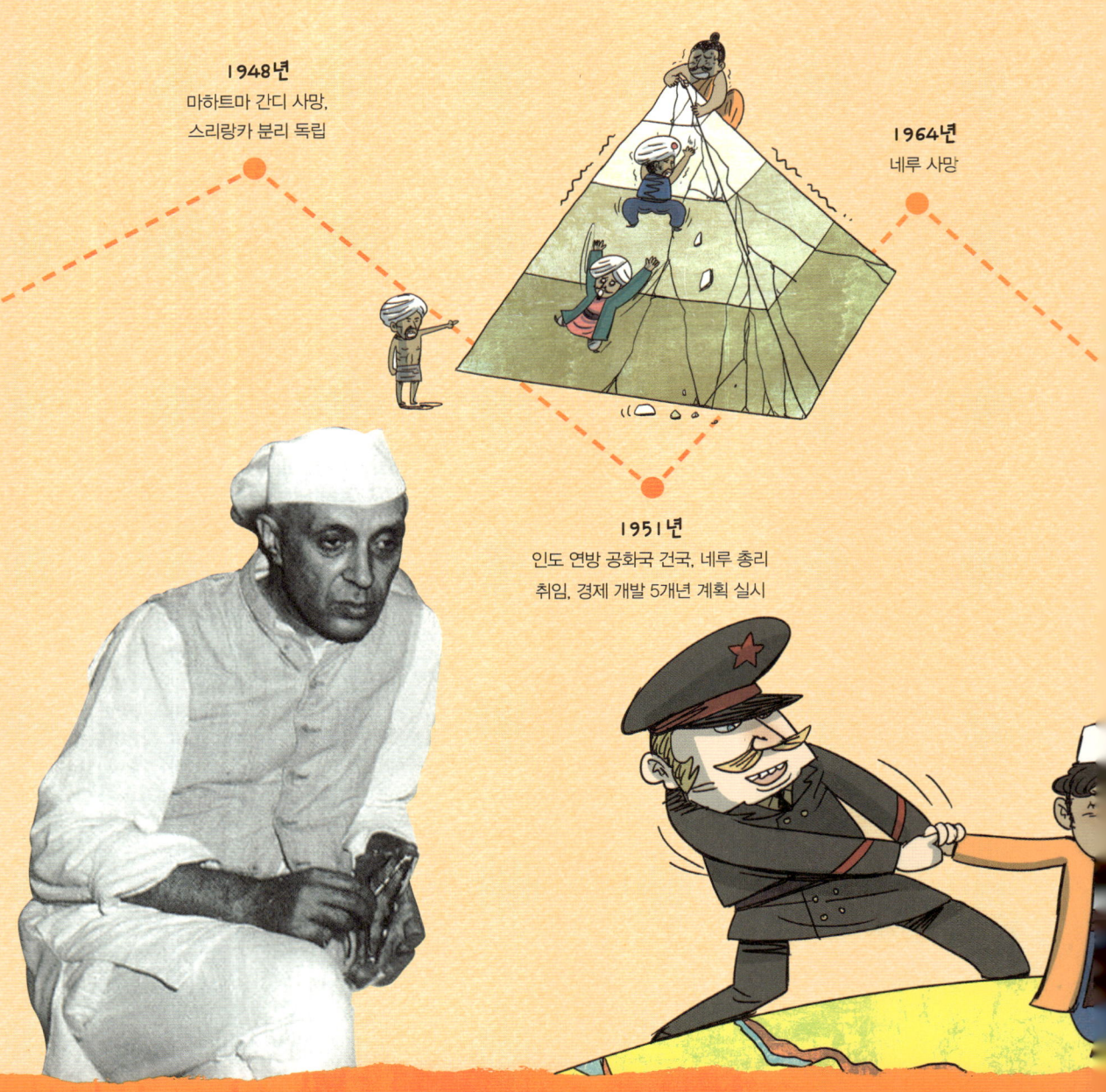

1948년
마하트마 간디 사망,
스리랑카 분리 독립

1964년
네루 사망

1951년
인도 연방 공화국 건국, 네루 총리
취임, 경제 개발 5개년 계획 실시

7
독립 이후 발전하는 인도

1968년
녹색 혁명 시작

1966년
인디라 간디 총리 취임

1984년
자유화, 개방화 경제 정책 실시

인도, 두 나라로 분리 독립하다

"자정을 알리는 종이 울리면 세계는 잠들어 있지만, 인도는 자유와 삶을 향해 깨어 있을 것입니다. 앞으로 인도의 임무는 고통받는 수많은 사람에게 봉사하는 것입니다."

1947년 8월 14일 밤, 인도 독립 운동에 앞장섰던 네루는 국회 의사당 앞에서 인도 독립을 알리는 연설을 했어. 그의 연설이 끝나자 자정을 알리는 종소리가 울렸지. 그 순간 델리 북쪽에 있는 옛 무굴 제국 왕궁의 탑에는 인도 국기인 삼색기가 높이 걸렸단다.

"인도 만세! 인도 만만세!"

감격의 순간을 지켜보던 수많은 인도인의 만세 소리가 어둠을 뚫고 멀리 퍼져 나갔어. 감격스런 이 역사의 현장에 꼭 있어야 할 한 사람이 보이지 않았지. 바로 간디야. 그 순간 간디는 힌두교도와 이슬람교도의 갈등을 해결하기 위해 콜카타 지역에 가 있었거든.

인도 연방 공화국의 탄생 인도의 초대 총리 네루가 독립을 선언하고 있어. 오른쪽 사진은 이를 보도한 신문이야. 인도를 상징하는 삼색기의 주황색은 용기와 헌신, 흰색은 진리와 평화, 초록색은 믿음과 번영을 뜻하지.

　간디는 종교가 다르다는 이유로 인도와 파키스탄 두 나라로 나뉘는 것을 받아들일 수 없었어. 그는 종교에 상관없이 인도인은 한 국가의 국민이어야 한다고 주장했지. 간디는 이후 어떻게든 힌두교와 이슬람교의 대립을 막으려고 했어. 인도와 파키스탄이 카슈미르 지역을 놓고 전쟁을 벌이자, 단식을 하며 힌두교도와 이슬람교도의 화합을 주장했단다.

　"국민 회의가 본래의 정신을 잃고 권력을 누리며 자신들의 욕심을 채우기 바쁘니……."

　간디는 국민 회의에 대해서도 비판의 소리를 높였어. 하지만 안타깝게도 그의 주장에 불만을 품은 힌두교도 청년이 쏜 총에 맞아 죽음을 맞이하고 말았지.

　1947년 8월 영국의 식민지 인도는 인도와 파키스탄으로 분리 독립했어. 인도는 주권이 국민에게 있는 민주 공화국으로 새롭게 태어났지. 초대 대통령은 프라사드, 총리는 네루가 되었단다. 파키스탄은 진나가 이끌었어.

민주주의와 경제 발전을 위해 노력하다

'1951년 인도 첫 보통 선거 실시!'

'국민 회의, 국민들의 지지를 받아 의회 주도권 차지!'

식민지에서 막 벗어난 인도의 총리 네루와 권력을 잡은 정당 국민 회의 앞에는 많은 과제가 놓여 있었어.

"국민들을 굶주림에서 벗어나게 하는 것이 가장 시급하오."

"다양한 종교를 가진 사람들을 하나로 묶는 것도 중요합니다."

네루는 17년간 총리 자리에 있으며, 인도의 발전을 위한 일들을 차근차근 해 나갔어.

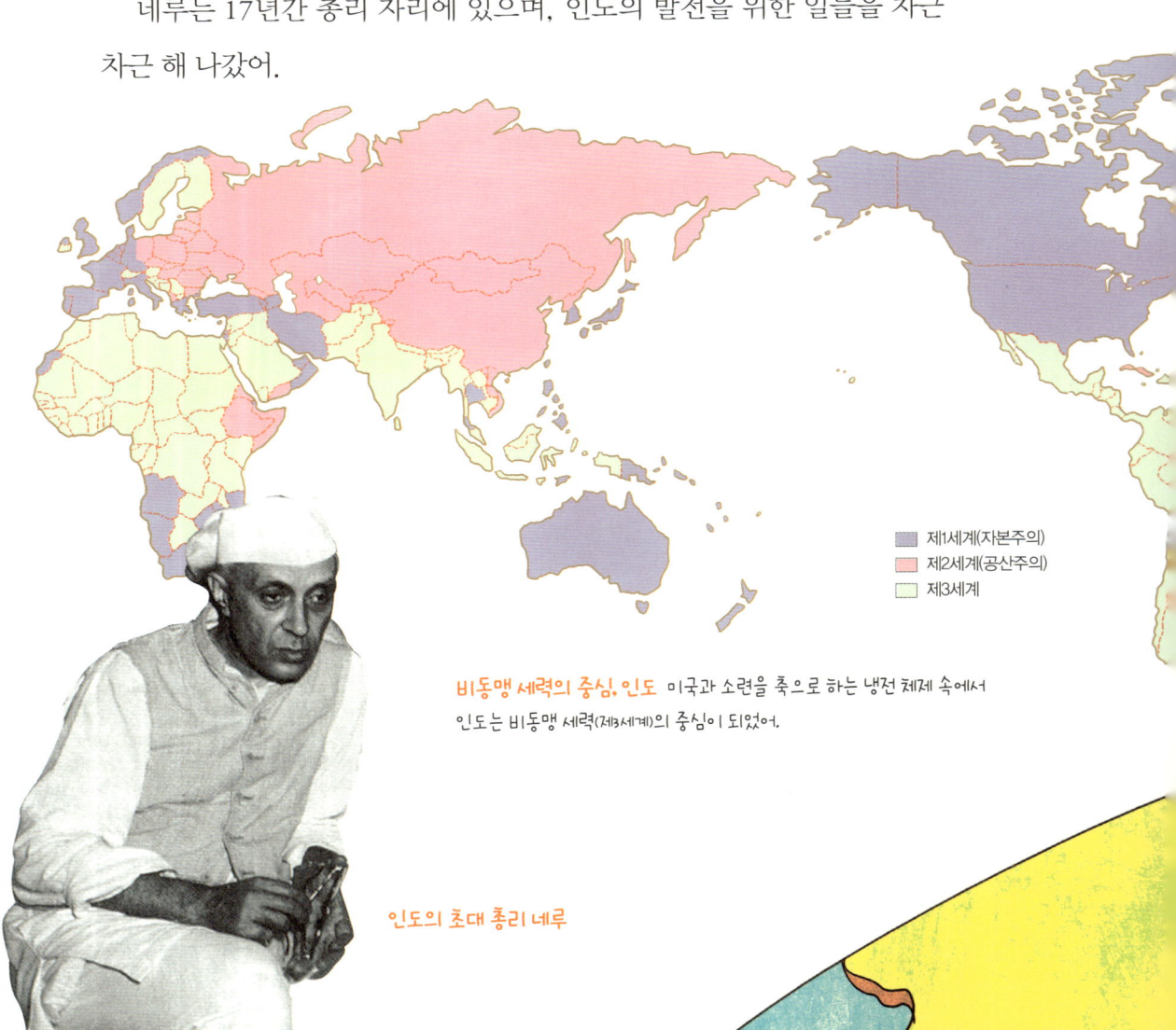

비동맹 세력의 중심, 인도 미국과 소련을 축으로 하는 냉전 체제 속에서 인도는 비동맹 세력(제3세계)의 중심이 되었어.

인도의 초대 총리 네루

"인도는 미국과도 소련과도 손잡지 않을 것이오. 독자적으로 길을 걸으며 국가 발전에만 온 힘을 기울이겠습니다."

가장 눈에 띄는 것이 바로 '비동맹 외교 정책'이야. 당시는 공산주의 세력을 대표하는 소련과 자본주의를 대표하는 미국이 서로 대립하고 있는 냉전 체제였거든. 어느 쪽과도 손잡지 않고 독자적인 외교를 펼친 세력을 '제3세계'라고 해. 인도는 제3세계의 중심이 되었어.

"정부가 앞장서서 경제 개발을 추진합시다."

네루는 인도 경제 발전을 위해 다양한 정책을 추진했어. 철도, 항공, 에너지 관련 산업을 정부가 직접 관리하고 운영했지. 생산하고 분배하는 것까지 정부가 관여했어. 인도는 강력한 공업 국가가 되기 위해 일곱 차례에 걸친 경제 개발 5개년 계획을 실시했단다.

더 부강한 나라를 꿈꾸는 인도

네루 사망 후 그의 딸 인디라 간디가 총리가 되었어. 그녀 역시 인도를 가난에서 벗어나게 하기 위해 많은 노력을 했어. 하지만 일부 시크교도들이 독립을 요구하는 등 너무도 다양한 정치 세력으로 인해 어려움을 겪었어. 국민 회의와 네루 집안이 오랜 기간 권력을 독차지하고 계층 간 종교 갈등이 계속되면서 정치 발전이 더뎠어.

하지만 인도는 그동안 군사 독재 한 번 없이 서로의 다양함을 인정하며 발전해 왔어. 최근에는 다양한 정치 세력이 등장해 인도를 이끌어 가면서 민주주의를 발전시키고 있지.

인도는 농촌 개혁을 위한 다양한 정책을 펼치며 발전을 꾀하기도 했어.

"인도 벌판에 녹색 물결이 출렁이게 합시다! 이모작을 해 굶주려 죽는 사람들이 없도록 합시다."

인도의 논 농사 녹색 혁명을 통해 식량 생산이 늘어났으나 땅 주인이 아닌 농민들에게 그 혜택이 돌아가지는 못했어.

　비료를 사용하고, 종자도 개량하고, 댐도 만들었어. 인도는 이렇게 녹색 혁명을 통해 식량 부족을 해결하려 했단다. 녹색 혁명은 2차 세계 대전 후 전쟁과 식량 부족을 겪던 나라들이 추진한 농업 개혁을 말해.

　1980년대에 인도는 새로운 정책을 추진했어. 경제적으로도 변화를 시도했지.

　"계속된 무역 적자와 저성장을 이겨 내려면 인도가 변화해야 합니다."

　"경제 자유화와 개방 경제 정책을 추진합시다."

　정부는 철도, 항공 같은 국가 산업에 민간 기업이 진출할 수 있게 해 주었어. 세계 각국의 공장들이 인도에 들어서기 시작했지. 전 세계 기업가들에게 낮은 임금과 풍부한 자원, 물건을 사 줄 수많은 인구를 가진 인도는 매력적인 곳이었거든.

　꾸준한 성장을 거듭한 인도는 미국, 중국을 위협하는 정보 통신 기술 강국으로 떠올랐어. 미국, 유럽 시장에서도 인도 기업들이 두각을 나타내고 있지. 영화 산업도 눈에 띄게 발전했어. 오랜 역사 속에서 만들어진 잠재력을 통해 인도는 '아시아의 거인'으로 서서히 성장하고 있단다.

인도 사회에 일어난 변화의 바람

민주주의가 자리를 잡고 경제가 발전하면서 인도에 커다란 변화가 하나 일어났어. 절대 흔들리지 않을 것처럼 보였던 카스트 제도의 벽에 금이 가기 시작한 거야.

공장이 들어서면서 불가촉천민이나 제일 하층민인 수드라가 기계를 다루는 일을 하게 되었지. 이들 가운데 차츰 부자들도 생겨났어.

1951년 이후 보통 선거가 시작되면서 선거권을 갖게 된 불가촉천민들은 카스트 제도의 문제점을 지적하기 시작했어.

"우리도 교육을 받을 수 있게 해 달라! 우리에게 일자리를 달라!"

1955년, 드디어 불가촉천민법이 만들어졌어. 이제 불가촉천민은 '지정 카스트'라 불리며, 국가의 보호를 받게 되었지. 점점 지정 카스트의 권리가 높아지고, 국가의 주요한 역할을 담당하는 사람들도 생겨났어. 지정 카스트 중에서 장관이나 국회 의원도 나오게 되었지.

지정 카스트 불가촉천민 시위

인드라 누이 인도 출신의 펩시코 CEO야.   자야람 자야랄리타 배우 출신 타밀나두주 최초의 여성 총리야.

인도에서 오랫동안 억압받아 왔던 여성들에게도 변화의 바람이 불었어.
"여성의 재혼을 허가하고, 일부다처제도 금지하라!"
어린 신부의 모습도 점차 사라지고, 결혼할 때 돈을 가지고 오지 않았다는 이유로 살해당하는 일도 줄어들었어. 정치 활동하는 여성들도 늘고, 여성의 권리를 찾기 위한 운동이 활발해졌어. 이제 여성은 남성과 함께 당당히 인도 사회를 이끌어 가는 주인공으로 우뚝 서고 있단다.

하지만 인도에는 여전히 해결해야 할 문제가 많아. 대표적인 것이 빈부 격차야. 2억 6000여 만 명이 하루 1달러도 안 되는 적은 돈으로 겨우 살아가고 있거든. 경제 발전과 함께 모든 사람들에게 그 혜택이 돌아가는 사회가 되어야 진정한 성장을 이룬 인도가 될 수 있지 않을까? 또 다른 종교에 대한 이해와 공식적으로 폐지되었지만 여전히 남아 있는 카스트 제도의 관습을 없애는 것도 해결해야 할 과제란다.

출발! 세계 속으로

인도의 눈물, 스리랑카

인도 아래에 있는 스리랑카는 마치 인도가 흘린 눈물방울처럼 생긴 작은 섬나라야. 기원전 6세기경에 인도 북부에서 건너온 싱할라족이 왕국을 세운 후 이곳은 줄곧 인도에 속한 지역이었어. 고대 싱할라 왕조 때에는 세계 최초로 종합 병원이 세워지기도 했다는구나. 목욕탕과 수세식 변기도 있었다니, 당시 고대 문명이 상당히 발달했음을 알 수 있지.

스리랑카에서는 불교가 발달했어. 그래서 옛날부터 미얀마, 태국, 중국의 승려들이 불경을 공부하러 왔다고 해.《왕오천축국전》을 쓴 신라의 승려 혜초도 스리랑카에 들렀단다. 인구의 약 70퍼센트가 불교를 믿는 나라로, 불교 유적지도 많이 남아 있지.

스리랑카에서는 루비, 사파이어 등 진귀한 보석과 향료가 생산되었어. 그러다 보니 서양 세력이 무척 탐내는 지역이었지. 결국 포르투갈과 네덜란드의 지배를 받다가 인도와 함께 영국의 식민지가 되었단다. 영국은 실론섬에 홍차 나무를 가져다 심고 큰 농장을 경영했어. 그 뒤로 스리랑카는 세계적인 홍차 생산국이 되었지.

영국은 분열 정책을 통해 불교를 믿는 싱할라족과 힌두교를 믿는 타밀족이 대립하도록 부추겼어. 영국에 대한 저항을 막기 위해서였지. 스리랑카는 인도가 영국의 식민 지배에서 벗어날 때 따로 독립했단다. 파

스리랑카 스리랑카는 인구 2180만 명의 나라로 한반도의 약 3분의 1 크기야. 행정 수도는 콜롬보란다.

스리랑카의 차 재배지 스리랑카는 차를 재배하기 좋은 땅과 기후를 가지고 있어. 현재 세계 2위의 홍차 생산국이란다.

불치사 인도에서 석가모니를 화장할 때 나온 송곳니를 보관하고 있다고 해. 4세기 초에 인도 남부 왕국의 왕자가 몰래 스리랑카로 가져왔다는구나.

키스탄과 마찬가지로 종교 때문이었지. 대부분의 사람들이 불교를 믿고 있었거든. 지리적으로도 인도 대륙과 멀리 떨어져 있었지.

독립 후에도 스리랑카 국민들은 여전히 어려움을 겪어야 했어. 다수 민족인 싱할라족과 소수 민족인 타밀족 사이에 분쟁이 계속되었거든. 지진 해일이 몰아쳐 수많은 난민이 발생하기도 했지. 그래서일까? 많은 아픔을 겪은 스리랑카를 '인도양의 눈물'이라고 부르기도 한단다.

얼른 아픔의 눈물을 닦고 새롭게 뻗어 나가는 스리랑카의 모습을 보고 싶구나!

어린이들의 세계사

이크발의 외침, "어린이는 어린이로서 살 권리가 있다!"

"탕, 탕, 탕, 탕."

어디선가 총소리가 울리고 열두 살 어린 소년이 쓰러졌어. 파키스탄의 소년 이크발이었지.

이크발은 아버지가 빚을 갚지 못해 네 살 때 카펫 공장에 팔려 갔어. 아버지가 진 빚 600루피(약 1만 5000원)를 갚기 위해 하루에 10시간 이상 카펫을 만들어야 했지. 하루 종일 일하고도 고작 받은 돈이 1루피(24원)였어.

생활비를 마련하랴, 어머니 병원비를 대랴 해가 갈수록 빚이 줄기는커녕 점점 늘어 갔어. 힘겨운 노동을 견딜 수 없었던 이크발은 공장을 탈출했지만 붙잡혀 왔어. 그는 거리에서 '노예 노동 해방 전선'에서 만들어 뿌린 종이 한 장을 발견했어.

"불법으로 어린아이들을 노동시키는 공장 문을 닫게 하라!"

"어린이는 어린이로서 살 권리가 있다!"

종이에 적힌 이 내용은 이크발의 마음을 흔들고 인생을 바꿔 놓았어.

이크발은 다시 공장에서 탈출해 '노예 노동 해방 전선'에 가입했어. 그리고 '어린이 카펫 노동자 협회장'이 되어 파키스탄과 세계 여러 나라를 다니며 '어린이 노동 금지!'를 외쳤어. 그와 '노예 노동 해방 전선'의 노력 덕분에 파키스탄의 수많은 어린이가 공장에서 나올 수 있었지.

공장 주인들에게 이크발은 눈엣가시 같은 존재였어. 1995년에 이크발은 결국 괴한의 총에 맞아 숨을 거두었어. 하지만 누구에 의한 짓인지 밝혀지지 않고 사건은 우연한 사고로 처리되었어. 과연 누가 그를 죽인 것일까?

2002년부터 해마다 6월 12일을 '세계 아동 노동 반대의 날'로 기념하고 있단다. 하지만 지금도 세계 곳곳에 학교를 가는 대신 강제 노동에 시달리는 어린이들이 2억 명이 넘는다고 해. 어린이들의 노동이 금지될 수 있도록 전 세계 사람들의 관심과 노력이 필요하단다.

아동 노동을 금지하는 팻말

일하는 인도의 어린이들

한 걸음 더!

오래전부터 교류해 온 인도와 한국

인도와 우리나라는 멀리 떨어져 있지만, 아주 오래전부터 두 나라가 교류했음을 알려 주는 흔적들이 곳곳에 남아 있단다. 가야를 세운 김수로왕 알지? 《삼국유사》에는 김수로왕이 인도 아유타국의 공주인 허황옥을 왕비로 맞이했다는 이야기가 전하고 있어. 통일 신라 시대에 혜초는 《왕오천축국전》이라는 인도 여행기를 남겨 당시 인도 상황을 알려 주기도 했지. 또 최근에 고려 시대의 무덤이 하나 발견되었는데, 그 안에 있는 나무 관에 고대 인도 문자인 범자가 300여 자나 금가루로 쓰여 있었다고 해. 인도의 이름 높은 승려인 지공이 원나라를 거쳐 고려에 와서 경기도 양

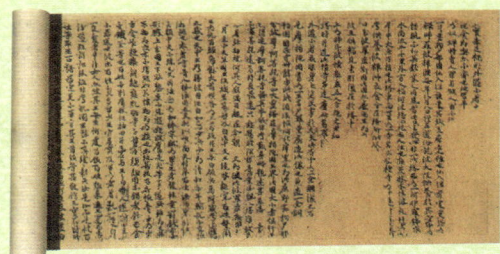

《왕오천축국전》
신라의 승려 혜초가 지은 인도 여행기야.

인도 아요디아 쌍어문(왼쪽)과 김수로왕릉 정문에 그려진 쌍어문(오른쪽)

주에 회암사를 짓고 이곳에 머물렀다는 이야기도 전해지고 있지.

한편 우리나라에서 일어난 3·1 운동은 인도의 독립 운동에 영향을 주기도 했어. 반대로 일제 강점기에 인도의 시인 타고르는 〈동방의 등불〉이라는 시를 지어 우리 민족에게 힘을 주기도 했지. 우리나라를 '동방의 등불'이라고 표현했거든.

6·25 전쟁 때에는 인도가 남한에 의료 지원병을 보내기도 했어. 하지만 소련도 미국도 지지하지 않던 비동맹 국가인 인도가 유엔군이 북으로 진격하려 하자 이에 반대하고 나섰지. 그러면서 한국과 인도의 관계는 멀어지는 듯했어.

1960년대부터 화해의 손길을 내민 두 나라는 1973년에 수교를 맺은 뒤 다양한 분야에서 교류를 하기 시작했어. 특히 1990년에 인도가 경제 개방을 선언한 뒤로는 무역이 활발하게 이루어지고 있단다. 한국에 돈을 벌기 위해 오는 인도 노동자들도 꽤 많아졌지.

2000년대 이후에는 두 나라 정상들이 서로의 나라를 방문하며 정치·경제·문화 등 여러 분야에서 협력을 약속했어. 한국의 기업들은 인도에 공장을 짓는 등 활발한 진출을 하고 있단다. 또 인도를 찾는 여행객들도 점점 늘어나고 있지.

이렇듯 오래전부터 이어 온 두 나라의 교류는 서로의 발전에 많은 영향을 미쳤단다.

노무현 대통령의 인도 방문
노무현 대통령은 2004년 10월 한국 대통령으로서는 처음으로 인도를 국빈 자격으로 방문했어.

동남아시아

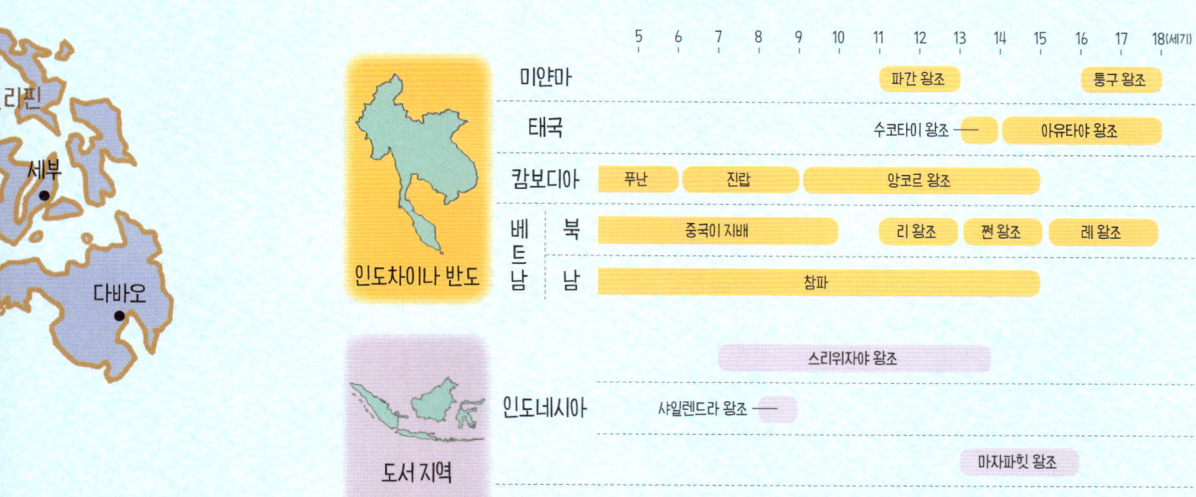

우리나라에서 남서쪽으로 내려가면 인도차이나 반도, 말레이 반도, 인도네시아 지역의 여러 섬들이 있어. 이곳을 '동남아시아'라고 해. 베트남, 태국, 인도네시아, 필리핀, 캄보디아 등의 나라가 있지. 일 년 내내 무덥고 비가 많이 내리는 곳으로 울창한 숲으로 덮인 곳도 많아. 곳곳에서 발견되는 유물과 유적들이 아주 오래전 선사 시대부터 사람들이 살아 왔음을 알게 해 주지. 인도와 중국 사이에 있던 이 지역은 두 나라의 영향을 많이 받았어. 그러면서도 자신들의 전통을 지켜 나갔지. 지금부터 동남아시아에 어떤 왕조들이 있었는지, 사람들은 어떻게 살아갔는지, 그 이야기를 들려줄게.

동남아시아의 여러 나라 중 가장 먼저 베트남에 대해 살펴볼 거야. 베트남 북쪽 지역은 중국과 맞닿아 있고, 남쪽과 동쪽은 바다로 열려 있어. 우리나라와도 인연이 깊은 베트남은 역사와 문화도 우리나라와 비슷한 점이 많아. 우리나라가 중국 여러 나라의 침입을 받았듯이 북부 베트남도 그랬어. 북부 베트남은 왜 중국의 지배를 받게 된 걸까? 그들은 중국의 지배에서 벗어나기 위해 어떤 노력을 기울였을까?

기원전 7세기경
반랑국 건국

기원전 3세기경
어우락 왕국 건국

기원전 207년
남비엣 건국

기원전 111년
남비엣 멸망

8

중국의 지배를 받은 북부 베트남

40~43년
쯩짝·쯩니 자매 저항 운동

679년
북부 베트남, 당나라에 정복당함

939년
중국으로부터 독립

베트남에 첫 국가가 세워지다

　베트남의 재미있는 건국 이야기를 들어 볼래? 중국의 전설 속 황제인 신농씨의 3대 자손에게 자식이 둘 있었대. 둘째아들이 결혼해 락롱꿘을 낳았고, 락롱꿘은 어우꺼와 결혼을 했어. 어우꺼는 임신을 해 100개의 알을 낳았는데, 그 알에서 100명의 아들이 태어났지.
　하루는 락롱꿘이 어우꺼에게 이렇게 말했어.
　"나는 물의 신 용의 자손이고, 당신은 산신의 자손이오. 물과 불은 다르니 같이 사는 게 힘들지 않겠소?"
　그러자 어우꺼는 50명의 자식을 데리고 산으로 올라갔어. 락롱꿘은 나머지 50명을 데리고 바다로 갔지. 산으로 간 아들 중 가장 강한 아들이 기

청동 북 태양과 새, 머리가 새 모양인 사람, 별 모양 등이 새겨져 있는 청동 북이야. 제사나 축제 때 사용되었을 것으로 추측되고 있어.

동썬 문화 기원전 5세기 무렵에 형성된 베트남의 청동기 문화야. 비엣족은 청동으로 된 도끼와 손칼 등을 사용하여 사냥을 하거나 제사를 지내는 데 사용했어.

원전 7세기경에 베트남 최초의 고대 국가인 반랑국을 세웠어. 그가 바로 베트남의 시조인 흥브엉이야.

베트남의 조상이 중국의 조상과 같다는 것은 자신들이 중국과 비슷한 힘을 가진 나라라고 생각했음을 뜻해. 물신과 산신의 자손이 결혼했다는 것은 해양 문화와 대륙 문화가 결합했음을 뜻하고, 또 자식을 똑같이 나눈 것으로 보아 남성과 여성의 사회적 지위가 비슷했음을 알 수 있단다.

베트남에서는 기원전 5세기부터 청동기 문화인 동썬 문화가 발달했어. 반랑국도 이 문화를 바탕으로 한 국가였어. 이후 철기 문화가 전해지고, 기원전 207년에 중국의 관리가 비엣족의 지지를 얻어 북베트남 지역에 남비엣(남월)이라는 독립 왕국을 세웠어. 베트남(비엣남, 월남)이란 나라 이름도 남비엣의 순서가 바뀐 거야. 뒷날 이 비엣족은 베트남 중부의 참족과 남부의 크메르족 등을 정복하며 세력을 넓혀 나간단다.

북부 베트남, 중국의 지배를 받다

베트남은 중국, 라오스, 캄보디아와 국경을 맞대고 있어. 특히 북쪽 국경을 맞대고 있던 중국은 호시탐탐 베트남을 노렸지. 결국 남비엣은 기원전 111년에 중국 한나라 침입을 받아 정복당하고 말았어. 3년 뒤 고조선도 한나라에게 멸망당했지. 한나라는 북베트남에 정기적으로 진귀한 물건들을 바치도록 했어.

한나라는 상아, 진주, 금은 세공품 등 진귀한 물건뿐만 아니라 소금과 철도 빼앗아 갔어. 큰 죄를 진 사람을 베트남으로 귀양 보내기도 했지. 차츰 한나라는 베트남의 제도와 풍습까지 중국식으로 바꾸기 시작했어.

"상아를 얻기 위해 코끼리를 잡다가 수많은 백성이 다쳤소."

"우리 먹을 것도 변변치 않는데, 진귀한 물건을 바치라니 두고 볼 수만은 없소."

베트남은 중국 왕조가 바뀌는 등 혼란스러울 때마다 저항 운동을 벌였어. 그 덕분에 베트남은 40년에 잠시 독립하기도 했지만, 3년 뒤에 다시 중국에게 정복당하고 말았지. 이후 10세기 중국의 지배에서 벗어날 때까지 900여 년간 베트남 북부 지역은 중국의 지배 아래 있었어. 당나라는 베트남을 '평화로운 남쪽'이란 뜻의 '안남'이라고 부르며 직접 지배했어.

중국은 한국, 일본, 베트남에 유교, 한자, 불교 등을 전해 주었어. 그래서 네 나라는 비슷한 문화를 갖게 되었지. 설날 세뱃돈 풍습이 베트남에도 있단다.

베트남은 중국의 문화와 제도를 적극 받아들였는데, 그중 특히 중국의 불교가 베트남에 많은 영향을 미쳤어. 오늘날 베트남은 국민의 약 70퍼센트가 불교를 믿는단다.

중국에서 전해진 불교는 동남아시아의 불교와는 달랐어. 동남아시아에 전해진 불교는 개인의 구원을 강조한 상좌부 불교였어. 하지만 베트남에는 중국을 통해 많은 사람의 구원을 중요하게 여기는 대승 불교가 전해졌어. 도교도 전해졌지.

중국의 문화가 전해질수록 일반 백성들은 베트남 고유의 전통을 지키려고 했단다. 전통을 잃어버리면 스스로를 지키지 못할지도 모른다는 위기감이 들었기 때문이었겠지.

힌두 문화가 꽃핀 참파

　베트남은 남북으로 길게 뻗어 있어서 각 지역마다 다양한 문화가 꽃피었단다. 베트남 남부에는 북부와는 다른 문화를 꽃피운 참파가 있었어.

　참파는 2세기 말에 참족이 세운 나라야. 참파에는 중국과 인도, 아라비아의 상인들이 드나들었어. 참파의 상인들도 배를 타고 동남아시아 곳곳을 누비며 무역을 했지.

　특히 중국과 인도를 연결하는 중계 무역을 통해 더욱 발전했단다. 한때 강한 힘을 자랑하던 캄보디아 지역의 앙코르 왕조를 침략할 정도로 세력을 키우기도 했어. 북베트남도 넘보았단다.

미선 유적 참파의 종교적 성지인 미선의 힌두교 사원이야. 1999년에 유네스코 세계 문화유산으로 지정되었어.

　　참파는 중국과 멀리 떨어져 있어서 중국의 지배에서 벗어날 수 있었어. 중국 문화의 영향도 덜 받았지. 오히려 상인들이 왕래하던 바다를 통해 인도 문화가 전해져 힌두교 사원이 곳곳에 세워졌단다.
　　"틈이 안 보이게 정교하게 벽돌을 쌓아 만들었군."
　　"몇 천 년의 세월이 흘러도 무너지지 않고 그대로 있네."
　　참파가 남긴 미선 유적은 베트남에 남아 있는 가장 큰 힌두교 사원이야. 베트남 전쟁 때 미군의 폭격으로 파괴되어 원래의 모습을 찾아볼 수는 없지만, 당시 대단했던 건축 기술을 짐작할 수 있단다.

베트남은 어떤 나라예요?

　베트남은 인도차이나 반도의 동남 해안을 따라 남북으로 S자 모양을 이루며 좁고 길게 뻗어 있단다. 수도는 북부의 하노이고, 호찌민은 남부의 중심 도시지.

　베트남은 중심 민족인 비엣족을 비롯해 54개의 민족으로 이루어진 다민족 국가야. 오랫동안 중국과 프랑스의 지배를 받기도 했지. 사회주의 국가이기 때문에 땅을 마음대로 사고팔 수 없고, 기업도 국가가 통제하지.

　베트남은 세계 최대의 쌀 생산국 중 하나로 빠르게 성장하고 있어. 일 년 내내 덥고 비가 많이 내리는 열대 기후 국가란다. 그래서 한 해에 두세 번 벼를 수확할 수 있단다. 쌀국수나 바게트를 즐겨 먹고, 열대 과일도 넘쳐 나지.

하롱베이의 수상 가옥

베트남을 여행하다 보면, 앞이 좁고 뒤로 긴 모양의 집들이 다닥다닥 붙어 있는 모습을 볼 수 있어. 이렇게 집을 지은 이유는 프랑스 식민지 통치 시기에 도로가의 건물 폭에 따라 세금을 매겼기 때문이야. 세금을 덜 내려고 앞은 좁고 뒤로 긴 형태의 집을 짓게 되었지.

덥고 비가 많이 오니 강이나 바닷가에 수상 가옥을 짓고 사는 사람들도 많아. 쪽배를 이용해 이 집 저 집 옮겨 다니며 장사를 하기도 한단다.

베트남의 논과 집

베트남 거리에서는 여학생들이 아오자이를 입고 등교하는 모습을 종종 볼 수 있어. '아오'는 '윗도리', '자이'는 '길다'는 뜻이야. 윗도리가 긴 옷으로 중국의 전통 의상인 치파오를 본떠 만들었다고 해. 한복처럼 중요한 행사가 있을 때 입는 전통 의상이란다.

베트남쌀국수와 월남쌈

아오자이를 입은 여학생들

8 중국의 지배를 받은 북부 베트남 127

한 걸음 더!

중국에 맞서 싸운 쯩짝·쯩니 자매

베트남의 여러 도시에 '하이 바 쯩'이라는 길이 있어. '두 명의 쯩 부인'이란 뜻이란다. 이들은 중국의 지배에 저항한 쯩짝과 쯩니 자매야. 두 자매는 북부 베트남 영주의 딸이었어. 언니 쯩짝은 영주 티삭과 결혼했어. 남편 티삭이 베트남의 독립을 위해 싸우다 죽자 쯩짝은 동생 쯩니와 함께 중국에 저항했어. 당시 중국 지배에 불만이 쌓인 베트남 사람들을 모아 싸운 거지.

"남편 대신 내가 독립을 위해 싸워야겠어."

"언니, 나도 힘을 보탤게."

성 밖에 티삭의 잘린 목이 걸려 있는 모습을 본 두 자매는 다짐했단다.

베트남 사람들은 두 자매를 믿지 않았어. 중국에 대한 두려움도 컸지. 그러자 두 자매는 직접 호랑이를 사냥한 뒤 가죽에 글을 써서 자신들의 의지를 알렸어.

"사나운 호랑이를 때려잡을 정도의 용맹스런 자매라면 믿고 따를 만하군!"

많은 사람이 두 자매와 함께 중국에 맞섰어. 두 자매는 코끼리를 타고 부대를 지휘했어. 당시 베트남은 여성의 지위가 비교적 높은 사회여서 여성을 지도자로 받들기도 했대. 쯩짝은 중국의 태수를 몰아내고 스스로 왕을 칭하기도 했거든.

호찌민시의 하이 바 쯩 거리

두 자매의 저항 의지가 하늘을 감동시킨 걸까? 베트남은 중국을 몰아내고 지배에서 벗어났어. 하지만 자유는 오래 가지 못했지.

3년 뒤인 43년에 다시 중국군이 쳐들어왔거든. 베트남은 더 막강해진 중국 군대를 당할 수가 없었어. 수많은 베트남 군인이 처참하게 죽거나 포로가 되었어. 두 자매도 중국군에게 붙잡혀 치욕을 당하느니 차라리 죽겠노라며 스스로 목숨을 끊었단다.

베트남이 중국 지배에서 벗어나는 것을 보지 못한 채 안타까운 죽음을 맞이한 두 자매. 그녀들의 용감한 행동은 지금도 베트남 국민들 가슴 깊이 기억되고 있단다.

베트남 궁궐에 가면 꿈틀거리는 용이 곳곳에 세워져 있어. 베트남 사람들은 용을 좋아하거든. 자신들의 조상인 용을 곳곳에 세워 두고 하늘로 날아오르는 꿈을 꾸었던 거지. 베트남은 줄기찬 저항 끝에 드디어 중국 지배에서 벗어났어. 오랜 지배에서 벗어났으니 새롭게 성장하는 일만 남았겠지? 이후 베트남은 영토를 넓히고, 동남아시아 황제의 나라로 군림하기 위한 준비를 해 나갔단다. 중국의 지배에서 벗어난 베트남은 과연 용처럼 날아오를 수 있을까?

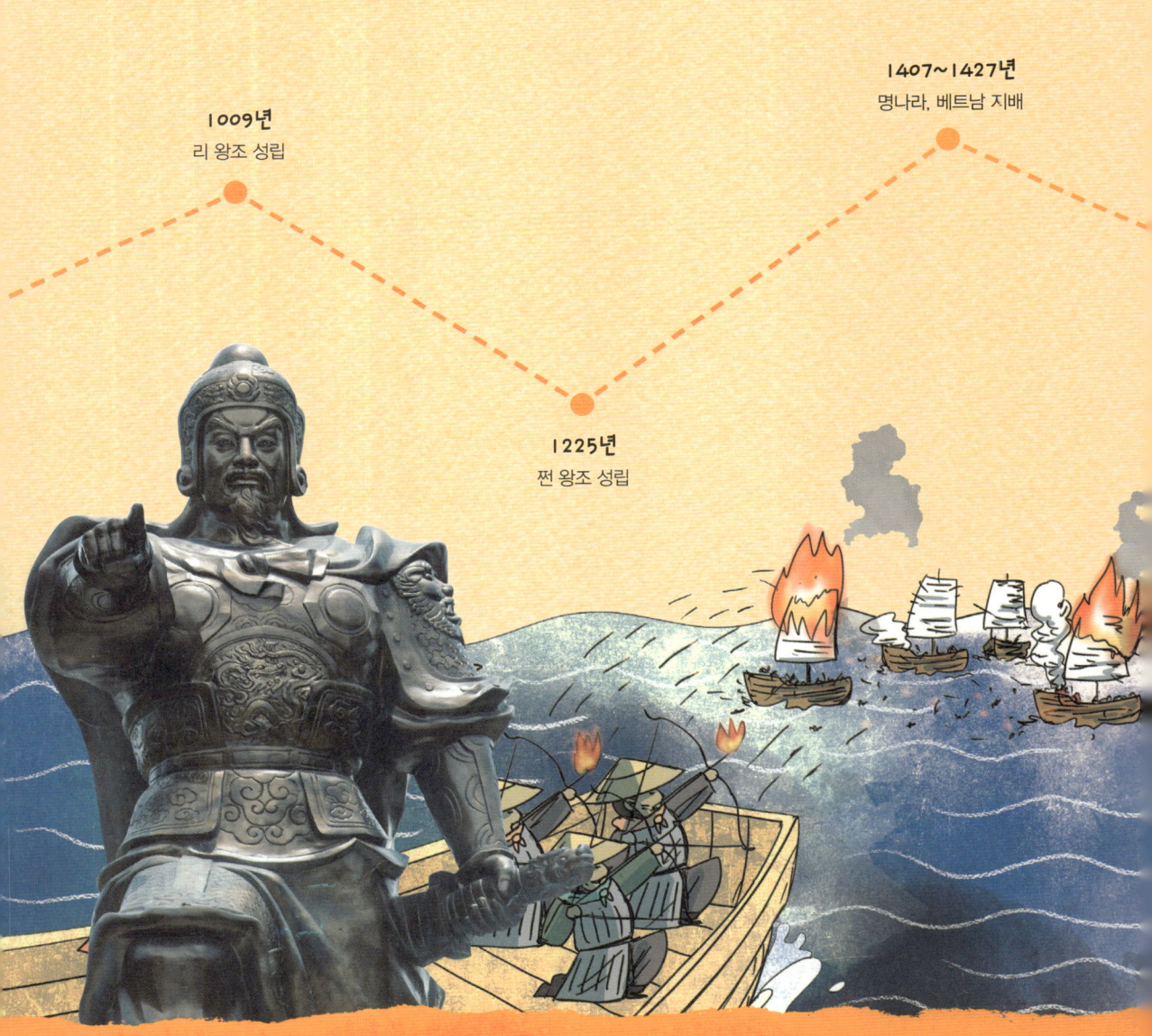

1009년
리 왕조 성립

1225년
쩐 왕조 성립

1407~1427년
명나라, 베트남 지배

9

동남아시아의 강자가 된 베트남

1428년
레 왕조 성립

세계 제국 몽골의 침략을 물리치다

939년, 드디어 베트남이 중국의 지배에서 벗어났어. 당나라가 쇠약해진데다 베트남 사람들의 끈질긴 저항 덕분이었지.

"새로운 왕조를 세웠으니, 나라 이름도 바꾸겠노라."

새 왕조인 리 왕조는 큰 대(大) 자를 써서 나라 이름을 '대월(다이비엣)'이라고 지었어. 중국을 몰아낸 자부심과 큰 나라가 되고 싶은 바람을 담아 지었던 거야.

11세기 초에 시작된 리 왕조는 이후 200여 년 동안이나 이어졌어. 중국은 대월을 가만두지 않았어. 이번에는 송나라가 쳐들어왔지. 하지만 대월은 송나라를 거뜬히 잘 막아 냈어. 송나라의 땅 일부도 빼앗았단다. 그뿐만 아니라 남쪽의 참파도 침략했지. 당시 왕조가 안정적이었기에 가능한 일들이었지.

리 왕조를 이은 쩐 왕조는 세계 대제국을 건설해 나가던 몽골의 침략을 막아 내기도 했어.

"참파로 원정을 가려고 하니 길을 내주고, 군인들이 먹을 곡식을 공급해 달라."

"우리가 당신들의 신하 나라도 아닌데, 그럴 수 없소."

몽골의 제안을 거절한 대월은 이후 세 차례에 걸쳐 침입을 받았어. 아무리 막강한 몽골군이었지만, 대월을 굴복시키지는 못했지. 대월은 어떻게 몽골의 침략을 막아 냈을까?

높은 산과 밀림이 많은 자연환경을 이용해 모두가 똘똘 뭉쳐 몽골에 대항한 덕분이야. 숨어 있다가 기회를 틈타 기습적으로 공격하니 몽골군도 포기할 수밖에 없었지. 세계적인 대제국을 막아 낸 대월인들의 사기는 하늘을 찔렀어.

하지만 오랜 전쟁으로 인한 피해도 만만치 않았어. 땅은 엉망이 되고, 큰 흉년까지 겹쳐 굶어 죽는 사람이 많았단다. 몽골의 침입을 받은 고려나 대월이나 힘들기는 마찬가지였지.

쩐 흥 다오 장군 몽골군의 침략을 세 차례나 물리친 베트남의 장군이야. 베트남 곳곳에 그의 이름을 딴 거리가 있단다.

세계 대제국도 별 거 아니군!

베트남의 황금기, 대월

다시 중국 명나라의 침입을 받은 대월은 나라를 잃을 위기에 처했어. 명나라는 '교지'로 대월의 나라 이름까지 바꿔 버렸어. 대월은 정말 자존심이 상할 대로 상한 상태였지.

하루는 레러이 장군이 근심에 싸여 호숫가를 걷고 있는데 거북이 나타났어.

"자, 이 보검을 받으시오. 용왕이 내리신 검이오."

레러이 장군은 보검을 받아 들고 한판 승부를 겨루러 떠났어. 장군의 활약 덕분에 대월은 명나라의 군대를 물리쳤단다.

명을 물리치고 레 왕조를 세운 레러이가 어느 날 호숫가에서 다시 그 거북을 만났어.

"이제 적을 물리쳤으니 다시 보검을 돌려주시오."

레러이는 그 말을 듣고 보검을 거북이에게 돌려주었대. 그 호수가 바로 하노이의 관광 명소로 꼽히는 호안끼엠 호수야. 호안끼엠은 '환검', 즉 '검을 돌려준다.'는 뜻이지.

신기하게도 이후 베트남에 큰일이 있을 때마다 거대한 거북이 이 호수에 나타난다는 이야기가 전해 오고 있단다.

레 왕조는 유교의 이념에 따라 나라를 다스리고 중앙 집권 국가의 기틀을 마련했지. 가장 오랫동안 왕조를 유지하며 베트남 역사의 황금기를 만들어 나갔단다.

1471년, 대월은 25만 대군을 이끌고 남쪽으로 내려가 참파의 수도를 점령했어. 뿐만 아니라 크메르족이 사는 캄보디아 땅까지 빼앗았지. 18세기에 이르러서는 오늘날의 베트남과 같은 영토를 갖게 되었단다.

　대월은 중국과 잘 지내며 인도차이나 반도에서 자신의 위치를 확실히 하려 했어. 중국에 조공을 바쳤지만 주변 나라로부터 조공을 받으며, 황제국을 자처했지. 중국을 '북국'이라고 부르고, 자신들을 '남국'이라고 했어. 자신들이 중국과 동등하다고 여겼던 거야.

　대월은 동남아시아 무역의 중심지 역할을 톡톡히 해내며 경제적으로도 번성했어.

　동남아시아는 유럽 세력이 차와 비단, 도자기 등을 구하러 중국에 가기 위해 꼭 지나야 하는 곳이거든. 베트남 중부의 항구 도시 호이안은 여러 나라 상인들이 타고 온 배로 늘 붐볐단다.

　호이안은 당시 동남아시아 지역의 믈라카 등과 함께 바닷길의 주요 근거지였어.

호안끼엠 호수의 거북 탑 호수 가운데에 거북을 기리는 탑이 세워져 있어. 베트남에서 거북은 저항과 독립의 상징물로 여겨져 국민들의 사랑을 한 몸에 받고 있단다.

레러이 장군 베트남의 독립을 이끈 레러이 장군은 독립 후 왕의 자리에 올랐어. 왕이 된 후 중국의 풍습을 많이 받아들여 반대 세력이 생겨나기도 했단다.

독자적인 베트남 문화를 만들다

베트남은 중국 문화를 받아들이며 차츰 발전해 갔어.

리 왕조는 유교를 적극 받아들이고, 레(후기) 왕조 시대에는 유교를 바탕으로 나라를 다스렸지. 공자를 받들고, 충·효·인·의를 강조했어. 장례를 치르고 제사를 지냈고, 아이가 태어나면 족보에 올리는 풍습도 생겨났지.

리 왕조는 공자를 모신 문묘도 세우고, 대학인 국자감도 세웠어. 과거를 통해 유교를 공부한 관리도 뽑았지. 하지만 여전히 불교도 중요하게 여겼어. 베트남 국보 1호인 녓쭈사(못꼿 사원, 일주사)도 리 왕조 때 세워졌어.

레(후기) 왕조 때인 15세기경부터는 3년에 한 번씩 과거를 실시했어. 유학을 배운 지식인들이 이전에 비해 더 많이 관리로 선발되어 나랏일을 담당했단다.

녓쭈사 11세기에 만들어졌는데, 기둥 하나가 건물을 받치고 있단다. 돌기둥은 연꽃 줄기를, 건물은 연꽃을 나타내지.

한편 몽골을 물리친 대월 사람들의 자부심은 하늘을 찔렀어. 전쟁을 치르면서 민족의식도 더욱 강해졌지. 쯔놈을 만들어 자신들의 공식 문자로 사용했고,《대월사기》라는 베트남 최초의 역사책도 썼어. 다양한 한문학 작품들이 등장했고, 수준 높은 도자기도 만들어졌단다.

남녀를 차별하는 중국의 유교 전통과 달리 베트남에서는 여성들의 지위가 높았어. 여자들이 남편감을 고르는 전통도 있었지.

중국의 오랜 지배 속에서도 자기 것을 지켜 낸 베트남이 대단해 보이지 않니? 이렇듯 자신의 뿌리와 전통을 지킨 것이 다른 나라의 침입에 맞서 꿋꿋하게 버틸 수 있었던 힘이었을 거야.

宁字喃 chữ nôm

쯔놈 일본의 가나 문자처럼 한자를 바탕으로 만든 베트남 문자야.

레 왕조의 도자기 레 왕조는 중국 명나라와의 교류를 통해 도자기 제작 기술 수준을 높였어.

하노이 문묘의 대성전

출발! 세계 속으로

옛 모습 그대로를 간직한 항구 도시, 호이안

오늘 우리가 갈 곳은 항구 도시 '호이안'이야. 베트남 중부에 있는 작고 아담한 도시란다. 구시가지는 200여 년 전 도시의 모습을 그대로 간직하고 있어. 도시 자체가 유네스코 세계 문화유산이지. 호이안은 16~17세기에 동남아시아 무역의 중심지이기도 했지. 중국, 일본, 에스파냐, 포르투갈, 네덜란드, 인도 등 여러 나라의 배가 드나들자 호이안이 번성하기 시작했고, 외국 상인들이 아예 눌러살면서 마을을 이루기 시작했어. 지금도 당시에 지어진 여러 나라의 건축물이 도시에 독특한 향기를 전하고 있단다.

"와, 옛날 거리의 모습 그대로네요."

"건물 하나하나에서 시간의 흔적을 느낄 수 있지 않니?"

저건 '내원교'라는 다리야. 호이안에는 당시 1000여 명이 넘는 일본 상인이 들어와 무역을 하기도 했대. 자연스레 일본인 마을도 생겨났지. 내원교는 그때 세워진 다리야. 이곳에서 가장 유명한 다리로, 일본인 마을과 중국인 마을을 연결해 준단다.

호이안의 옛 도시 풍경 호이안에는 유럽·일본·중국의 건축물이 많이 남아 있단다.

200년 전 모습 그대로야!

내원교 내원교는 일본인 마을과 중국인 마을을 연결해 주는 다리야.

중국 복건 회관 복건 회관은 중국 상인들이 모임을 하던 곳이란다.

 자, 이제 중국인 마을로 가 볼까? 호이안에서 가장 크고 화려한 건축물을 만날 수 있을 거야.
 "저거죠? 딱 봐도 중국식 건물 같아요. 지붕도 무척 화려해요."
 그래. 저 건물은 중국에서 온 상인들의 모임 장소였던 복건 회관이야. 중국인들은 이곳에 모여 정보도 나누고, 신과 조상들께 제사를 지내기도 했어.
 계속 번성할 것 같던 호이안이 19세기 후반 이후로는 무역항으로서 제 역할을 하지 못하게 되었어. 포구가 좁고 물이 얕아 배들이 드나들기에 좋은 조건이 아니었거든. 대신 '다낭'이라는 항구 도시가 호이안을 대신했지. 그 덕분에 호이안은 옛 도시의 모습을 그대로 간직할 수 있었단다.

다낭 베트남 중남부 지역에 있는 최대 상업 도시이자 항구 도시로, 베트남에서 네 번째로 큰 도시란다.

한 걸음 더!

고려에 온 베트남 왕자, 이용상

고려 시대에 멀리 아라비아 상인들이 벽란도에 왔었다는 사실은 모두 알고 있지? 그런데 아라비아 상인들만 고려에 온 게 아니야. 베트남 사람도 고려에 왔다는 기록이 있어. 바로 화산 이씨의 조상이 된 '이용상'이라는 사람이란다.

이용상은 대월국 리 왕조의 왕자였어. 그런데 리 왕조가 반란으로 무너지자 이씨 왕족은 목숨이 위험해졌어.

"안 되겠다. 바다를 통해 탈출해야겠다."

이용상은 베트남을 탈출했어. 오랜 항해 끝에 1226년에 고려 땅에 도착했지. 그곳이 바로 황해도 옹진군 화산이었다고 해.

화산 이씨 조상이기도 한 베트남 리 왕조의 사당

고려 땅에 도착한 이용상은 옹진군 사람들이 도적 떼에게 괴롭힘을 당하자, 도적 떼를 물리쳐 주었어. 이 소식이 고려 임금에게까지 전해져 이용상은 왕을 만나게 되었지.

"망한 나라의 왕자인데, 이렇게 귀하게 대해 주시다니······."

"어떤 나라도 피할 수 없었던 운명이오. 나도 언제 그리될지 모르는 일이고."

고려 왕은 그를 가엾게 여겨 고려 땅에 살도록 해 주었어. 그는 왕의 은혜에 보답이라도 하듯 고려에 쳐들어온 몽골군을 격파했대. 고려 왕은 그의 공을 높이 사 '화산 이씨'라는 성도 내려 주었어. 또 땅도 주고 고려 여인과 혼인도 시켜 주었지.

그의 후손들은 지금도 한국에 살고 있단다. 베트남 정부는 베트남에도 남아 있지 않는 리 왕조의 후손이 한국에 살고 있다는 사실을 알고 깜짝 놀랐어. 베트남에서는 화산 이씨의 후손들을 왕실의 후손으로 대우하고, 해마다 화산 이씨 종친 회장을 초청하고 있단다.

황제의 나라로서 주변 나라를 거느리며 날아오르려던 베트남에게 또다시 시련이 닥쳐왔어. 인도에 손길을 뻗친 유럽 세력이 동남아시아 지역에도 들이닥친 거야. 베트남에도 군함을 앞세운 프랑스가 침략해 왔어. 오랫동안 중국의 지배를 받았던 베트남이 또다시 프랑스의 침략을 받아 식민지가 될 상황에 처한 거지. 과연 베트남은 이 위기를 잘 이겨 냈을까?

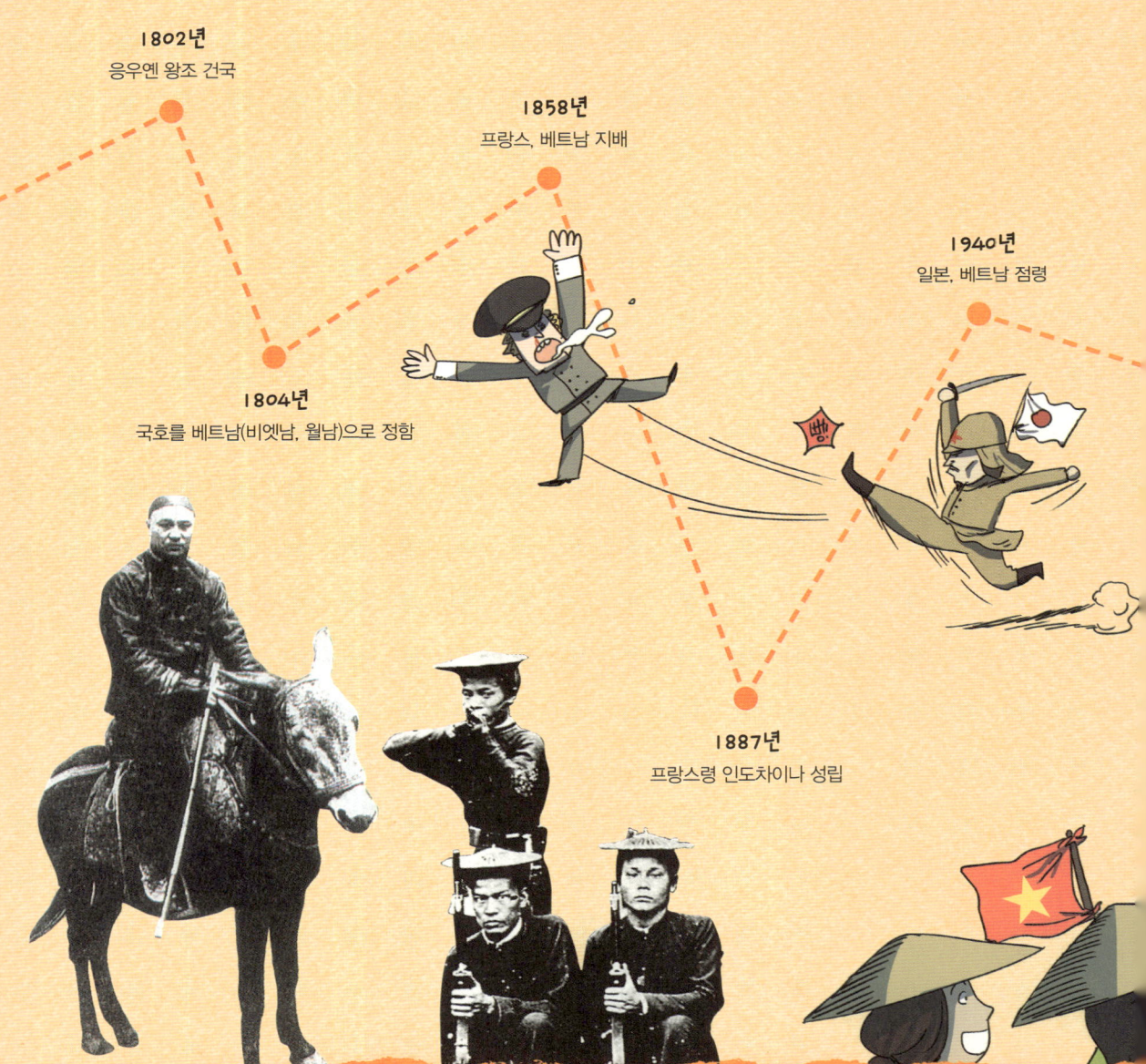

1802년
응우옌 왕조 건국

1858년
프랑스, 베트남 지배

1940년
일본, 베트남 점령

1804년
국호를 베트남(비엣남, 월남)으로 정함

1887년
프랑스령 인도차이나 성립

베트남의 마지막 왕조, 응우옌 왕조

"레 왕조도 이제 힘이 약해져 가는데 우리가 이 땅의 주인이 되어 봅시다."

17세기 무렵 레 왕조를 대신하려는 새로운 가문, 북부의 찐 가문과 남쪽의 응우옌 가문이 등장했어.

"그런데 우리 힘만으로는 레 왕조를 무너뜨릴 수 없겠는걸."

"마침 유럽 세력이 접근해 오고 있으니, 저들의 도움을 받아 봅시다!"

찐 가문은 덴마크, 응우옌 가문은 프랑스와 손을 잡았어. 그러던 중 베트남 중부에서 반란이 일어났어. 떠이 썬 당이 그 중심에 있었지. 그들은 남부의 응우옌 가문을 무너뜨리고 북쪽의 찐 가문까지 제압했어.

하지만 떠이 썬 당이 바로 새 왕조를 세울 수는 없었어. 응우옌 가문의 푹 아인 왕자가 살아 있었거든.

"나를 좀 도와주시오. 그러면 베트남에서 자유롭게 장사할 수 있도록 해 주겠소."

"뭐, 우리 프랑스한테도 손해날 일은 아니니, 좋소!"

프랑스 상인들은 응우옌 가문의 푹 아인 왕자에게 무기와 돈을 대 주었어. 그 덕분에 떠이 썬 군대를 물리친 푹 아인 왕자는 베트남을 모두 차지하고, 1802년에 새 왕조를 세웠어. 이 왕조가 후에에 수도를 둔 베트남의 마지막 왕조 응우옌 왕조야.

응우옌 왕조는 청나라에 '남비엣(남월)'을 나라 이름으로 승인해 달라고 했어. 동남아시아 황제의 나라로 군림했던 베트남인데, 왜 그랬을까? 그건 청나라의 힘이 워낙 강했기 때문이야. 청나라는 중국 남부 지역에서 한나라와 대립했던 나라의 이름이 남비엣(남월)이었기 때문에 '비엣남(월남)'이라는 이름을 쓰라고 했어. 하지만 응우옌 왕조는 속으로는 만주족이 세운 청나라보다 자신들이 우위에 있다고 생각했단다.

후에 황궁 1802년부터 1945년까지 약 143년간 응우옌 왕조의 왕궁이었어. 베트남 전쟁 때 대부분 파괴되었단다.

베트남, 프랑스의 식민지가 되다

16세기에 포르투갈, 네덜란드 등 유럽 세력이 인도를 거쳐 동남아시아 지역까지 넘보기 시작했어. 향료와 진귀한 물건을 구하고, 동남아시아를 발판으로 중국으로 진출하려고 했거든.

영국에게 인도를 빼앗긴 프랑스는 베트남이 있는 인도차이나 반도로 눈을 돌렸어.

응우옌 왕조가 프랑스의 도움으로 레 왕조를 무너뜨릴 때 프랑스 상인들과 함께 많은 선교사가 베트남에 들어왔어.

그런데 응우옌 왕조는 새 왕조를 세운 뒤에는 프랑스를 멀리했어. 베트남 깊숙이 들어오고 있는 프랑스를 그냥 두고 볼 수만은 없었거든.

베트남을 공격하는 프랑스 함대 프랑스 함대가 베트남의 남부 도시 사이공을 공격하는 모습이야.

"제사를 거부하고 평등을 외치는 선교사들을 그냥 둘 수는 없소."

베트남은 성경을 불태우고, 프랑스 선교사들을 처형하기도 했어. 이 사실은 곧 프랑스에 알려졌지.

"선교사를 죽이다니, 함대를 이끌고 가 베트남을 공격하라!"

프랑스는 이 기회를 놓치지 않았어. 선교사 탄압을 빌미로 베트남을 집어삼키려고 했던 거지.

프랑스의 군사력에 버티지 못한 베트남은 프랑스와 조약을 맺었어. 항구를 개방하고, 남부 지역을 프랑스에게 내주어야 했지. 프랑스는 코친차이나로 불린 베트남 남부 지역을 중심으로 야금야금 베트남 전 지역을 차지했단다.

자신에게 조공을 바치던 베트남을 프랑스가 차지하자, 청나라는 프랑스와 전쟁을 벌였어. 하지만 프랑스의 우수한 무기 앞에 청은 제대로 맞서지 못했어. 청은 이제 더 이상 베트남에 영향력을 끼칠 수 없게 되었지.

베트남을 손에 넣은 프랑스는 이후 캄보디아와 라오스까지 차지하고 1887년, 프랑스령 인도차이나 연방을 수립했단다.

독립 운동을 펼치는 베트남

"동양의 진주라 불리는 베트남이 이제 우리 차지가 되었군. 지하자원도, 고무도 모두 프랑스로 가져가야겠어."

"프랑스식 건물도 짓고, 우리의 고급스러운 문화도 전해 줘야지."

프랑스는 베트남에서 진귀한 물건을 마구 빼앗아 가고, 전통문화를 파괴하며 베트남을 프랑스처럼 만들려고 했어. 농민들은 많은 세금을 내느라 먹고살기가 힘들었지.

베트남 국민들도 가만히 있지만은 않았어. 의병을 일으키고, 국민을 깨우치고, 실력을 기르려고 노력했지. 무장 투쟁도 벌였어. 유학자들이 중심이 되어 국왕의 이름으로 프랑스의 침략에 맞서 저항하자고 호소하기도 했어. 이를 '껀브엉(근왕) 운동'이라 불러. 유학자들이 국왕에 충성을 맹세하며 일어나 프랑스에 맞서자 농민들도 힘을

껀브엉 운동에 참여한 베트남 빨치산

베트남 독립 운동에 참여했던 사람들

보냈어. 하지만 국왕이 체포되면서 이 운동도 막을 내렸단다.

이번에는 새로운 문물을 받아들인 지식인들이 독립 운동을 벌였어. 판보이쩌우는 러일 전쟁에서 승리한 일본을 본받아야 한다며 일본에 유학생을 보냈어. 베트남 광복회를 만들어 민주 공화국을 건설하려고 했고, 군대를 만들기도 했어. 우리나라 안중근 의사의 의거를 본받아 무장 투쟁을 벌이기도 했단다.

"인재를 길러 실력을 키워야 하오. 근대화되지 못하면 프랑스로부터 독립해도 또 다른 나라의 식민지가 될 것이오."

판쩌우찐은 학교와 회사를 세우고, 신문이나 잡지를 통해 국민들을 깨우치려고도 했지.

이 무렵 베트남 국민들은 프랑스에 저항하는 글을 쓰기도 했단다.

어때? 일제에 저항한 우리 민족의 독립 운동과 비슷한 부분이 많지?

일본을 물리치고 독립 국가를 세우다

"우리 프랑스를 도와주면 전쟁이 끝난 후 독립시켜 주겠소."

1차 세계 대전이 일어나자 프랑스도 영국이 인도에 한 것처럼 똑같은 약속을 했어. 전쟁이 끝난 후 프랑스가 이 약속을 지키지 않자 베트남 지식인들이 들고일어났어. 호찌민은 베트남 공산당을 만들어 독립 운동을 펼쳤단다.

한편, 1937년에 일본은 대륙을 차지하려는 욕심을 드러내며 중국과 전쟁을 벌였어. 영국과 프랑스는 베트남을 통해 중국에 무기와 식량을 지원했어. 그러자 1940년에 일본 군대가 베트남을 점령해 버렸지.

당시는 2차 세계 대전이 한창이던 때라 프랑스는 베트남에 신경 쓸 여력이 없었어.

"일본의 도움을 받아 프랑스를 몰아낼 수 있을지도 몰라."

베트남 사람들은 처음에 일본군을 환영했대. 그러나 일본은 프랑스보다 더 심하게 베트남을 지배했어. 담배, 아연, 면화를 닥치는 대로 빼앗아 가고, 무자비한 탄압도 서슴지 않았지. 군용 비행기나 탱크에 쓸 기름을 짜기 위해 논에 벼 대신 아주까리를 심게 했어. 쌀 생산은 줄고, 태풍까지 불어 식량이 부족해지고 사람들은 굶주림에 허덕였어.

호찌민은 베트남 독립 동맹(베트민)을 조직해서 일본에 맞섰어. 그러던 중 일본에 원자 폭탄이 떨어지고 연합국이 승리하면서 일본이 물러갔지.

"베트남 민주 공화국의 탄생을 선포하노라!"
"굶주림을 없애고, 국민들을 깨우치고, 외세를 물리칠 것이다."

1945년 9월 2일에 호찌민은 베트남 민주 공화국의 탄생을 전 세계에 알렸어. 호찌민의 연설은 베트남 국민들의 마음을 울렸지. 호찌민은 베트남 민주 공화국의 초대 대통령이 되었단다.

호찌민

게릴라 전술로 프랑스를 이기다

독립의 기쁨도 잠시, 베트남은 다시 둘로 나뉘었어. 2차 세계 대전에서 승리한 연합군은 베트남의 독립은 인정했으나, 북위 17도선을 경계로 베트남을 잠정적으로 나누고 2년 후 총선거를 실시하기로 결정했어. 그러나 미국을 등에 업은 프랑스가 다시 베트남을 지배하겠다며 남베트남에 꼭두각시 정권을 세웠어.

호찌민은 이에 대항해 북베트남 정부를 세웠지. 그리고 1946년, 프랑스를 몰아내기 위한 전쟁을 선포했어.

"프랑스인이 1명 죽을 때, 베트남 국민 10명이 죽을지도 모른다. 하지만 우리는 반드시 이길 것이다."

베트남 사람들은 호찌민의 이런 결의에 고개를 끄덕였어.

프랑스와의 전쟁은 8년 동안이나 이어졌지. 비행기, 전차 등 신식 무기

로 무장한 프랑스였지만, 숲속에 꽁꽁 숨어 있다 나타나 공격하고 다시 숨는 베트민의 게릴라 전술을 쉽게 당할 수 없었지. 프랑스군은 불리한 상황을 뒤엎을 작전을 펼치기로 마음먹었어. 첩첩산중 계곡에 있는 북베트남군의 요새 디엔 비엔 푸를 공격하기로 한 거야. 프랑스가 이곳을 빼앗는 데는 오랜 시간이 걸리지 않았어. 비행기에서 낙하산을 타고 내려와 기습 공격을 퍼붓는 프랑스군을 북베트남군은 도저히 막을 수 없었거든.

그러나 승리의 기쁨도 잠시, 북베트남군은 비밀리에 만들어진 터널을 통해 탄약과 대포를 날라 다시 디엔 비엔 푸를 포위했어. 대포를 분해해 산 위로 날라 다시 조립한 뒤 포탄을 날렸지. 농민들은 식량을 지고 산꼭대기까지 날랐어. 1954년 3월, 북베트남군은 독 안에 든 프랑스군을 향해 공격을 퍼부었어. 식량과 무기를 지원받을 수 없었던 프랑스군은 3개월의 전투 끝에 결국 두 손을 들 수밖에 없었단다.

프랑스 대표와 악수하는 호찌민 디엔 비엔 푸에서 참호를 파는 프랑스 병사들
디엔 비엔 푸 전투에서 프랑스군이 패하면서 프랑스는 베트남에서 물러났어.

동양의 파리, 호찌민시

오늘 우리가 여행할 도시는 '동양의 파리'로 불리는 호찌민시야. 호찌민은 베트남 남부에 있는 경제의 중심 도시란다. 남베트남의 수도였던 곳으로, 원래는 '사이공'으로 불렸지. 남북이 통일되면서 베트남 독립의 아버지인 호찌민의 이름을 따서 도시 이름을 바꿨단다.

이곳이 호찌민의 중심 거리야. 마치 유럽의 거리에 온 것 같지 않니?

베트남을 점령한 프랑스는 사이공 한가운데에 유럽풍 건물들을 세웠어. 저기 노트르담 성당 보이지? 철근 등 건축 재료를 프랑스에서 직접 가져다 세운 성당이야. 프랑스는 도시 한복판에 크고 화려한 성당을 세워 자신들의 위대함을 보여 주려고 했어. 아예 사이공을 프랑스 도시처럼 만들려고 했지. 프랑스풍 건물들을 하나둘 세우는 대신 베트남의 전통 건물들을 파괴해 버렸지. 저기 있는 인민 위원회 청사, 중앙 우체국도 모두 프랑스식 건물들이야. 프랑스처럼 변한 사이공은 이후 '동양의 파리'로 불리게 되었지.

"강 주변 밤 풍경이 화려해요. 큰 배들이 오가는 모습도 신기하고요."

노트르담성당 성당 앞에 성모 마리아상이 서 있어서 '성모 마리아 성당'이라고도 부른단다.

중앙 우체국

사이공강 주변의 야경

이 강은 사이공강이야. 주변에 늘어선 유럽풍 건물들이 멋지지. 하지만 이런 화려함과 세련됨 속에 프랑스 식민 통치의 아픔이 있다는 걸 기억해야 한단다.

프랑스에 온 것 같지?

인민 위원회 청사 건물 앞에는 호찌민 동상이 세워져 있어.

어린이들의 세계사

평화의 꽃을 꽂은 소녀, 보티사우

베트남 호찌민시에 가면 특별한 박물관이 하나 있어. 바로 남부 여성 박물관이지. 길고 고단했던 저항의 역사를 가진 베트남에는 남성 못지않게 중요한 역할을 한 여성이 많았어. 남부 여성 박물관은 그분들의 이야기를 모아 놓은 곳이야.

남부 여성 박물관은 보티사우 거리에 있어. 이곳에 소개된 한 소녀의 이름을 딴 거리지. 베트남에는 이 거리 말고도 여성의 이름을 딴 거리가 열세 곳이나 된다고 해.

보티사우는 프랑스가 베트남을 지배하던 시기에 독립 운동을 펼친 소녀야. 겨우 열네 살에 독립 운동에 참여했지. 폭탄을 던져 프랑스 앞잡이 노릇을 하던 관리를 처단했단다. 비록 어린 나이였지만 조국의 독립을 위해서라면 그 무엇도 두렵지 않았어. 결국 그녀는 체포되었고 사형 선고를 받았지.

그녀의 사형이 이루어지는 날이었어. 검은 천으로 눈을 가린 보티사우가 끌려

보티사우 우표

남부 여성 박물관

보티사우

나왔어. 이 모습을 베트남 국민들이 지켜보고 있었지.

"사형 전 마지막으로 하고 싶은 말이 있는가?"

사형 집행자의 물음에 보티사우는 한 치의 떨림도 없이 단호하게 말했어.

"눈가리개를 풀어라. 내 조국을 보며 죽겠다!"

잠시 후 몇 발의 총소리와 함께 열일곱 살 소녀는 하늘나라로 갔어. 보티사우가 어린 나이에도 이렇듯 당당할 수 있었던 것은 그만큼 조국의 독립을 간절히 원했기 때문이 아닐까.

그녀는 사형장으로 끌려가면서 길가에 있는 꽃을 꺾어 머리에 꽂았다고 해. 그 뒤 베트남 사람들은 이 꽃을 '평화의 꽃'이라고 부른단다.

한 걸음 더!

베트남의 민화

조선 후기에 유행한 〈까치와 호랑이〉 민화 생각나니? 민화는 조선에서만 그려진 그림은 아니라고 해. 중국, 베트남 사람들도 민화를 그리며 복을 빌었다는구나.

〈쥐가 시집가는 날〉이라는 그림은 베트남에서 가장 인기 있는 민화야. 식량을 갉아먹고 전염병을 옮기는 불결한 쥐를 왜 그렸을까?

쥐를 나쁜 기운을 전해 주는 동물로 오해하고 있는데, 사실은 그렇지 않아. 12지 신상에서도 가장 처음 나오는 동물이잖아. 쥐가 곡식을 갉아먹는 소리가 마치 돈 세는 소리와 같아서 베트남 사람들은 쥐를 행운을 가져오는 동물로 여겼어. 많은 자손과 큰 복을 기원하며 쥐를 그린 거야.

〈쥐가 시집가는 날〉
'많은 돈과 복'을 의미하는 쥐를 소재로 한 베트남 민화야.

베트남 민화 베트남에서도 물고기 그림은 소원 성취, 희망을 뜻한다고 해. 민화를 그리는 장인의 손길이 무척 진지하구나.

　1월 4일 혹은 14일은 쥐가 시집가는 날이래. 호랑이 장가간다는 이야기는 들어 봤어도 쥐가 시집간다는 이야기는 처음 듣지?

　이날에는 사람도 고양이도 모두 숨죽이고 있는다는구나. 쥐의 혼례식을 방해할까 봐, 쥐가 놀랄까 봐 불도 켜지 않는다고 해. 골목마다 쌀과 소금을 뿌려 놓고 일찍 잠자리에 든다니까.

　그림을 한번 잘 살펴봐! 쥐의 천적인 고양이가 쥐 시집가는 것을 얌전히 지켜보고 있지?

　서로 다른 지역에 사는 사람들이지만 민화를 그려서 자신들의 소망을 기원한 것은 베트남이나 우리나라나 비슷했나 봐.

호찌민시에서 자동차를 타고 북서쪽으로 1시간가량 가면 숲이 있어. 그곳에는 베트남 전쟁의 승리를 상징하는 비밀 땅굴인 꾸찌 땅굴이 있어. 총 길이 250킬로미터의 지하 땅굴인데, 그 규모가 상상할 수 없을 정도로 어마어마하단다. 더 놀라운 것은 이렇게 엄청난 규모의 땅굴을 그저 호미와 소쿠리만을 이용해 팠다는 거야. 왜 꾸찌 마을 사람들은 오랜 시간을 들여 힘겹게 땅굴을 파야 했을까?

1969년
호찌민 사망

1973년
베트남에서 미군 철수

11
전쟁의 상처를 딛고 도약하는 베트남

1975년
북베트남군의 사이공 점령

1986년
도이머이 정책
(개혁과 개방 정책) 실시

미국을 물리치고 통일을 이루다

80여 년 동안 프랑스에 맞서 싸운 베트남은 결국 그들을 몰아냈어. 하지만 안타깝게도 프랑스가 물러난 자리를 대신해 이번에는 미국이 밀고 들어왔지. 그들은 베트남에 공산주의 정권이 들어서는 것이 달갑지 않았어.

"중국이 이미 공산 국가가 되었는데, 베트남마저 공산화되면 안 되오."

"베트남이 공산화되면 도미노처럼 주변 나라들도 모두 공산화될 것이오."

미국은 남베트남에 공산주의를 반대하는 정권을 세우고 꼭두각시 노릇을 하게 했어. 하지만 이 정권은 부정부패가 너무 심했단다. 국민들은 정부를 외면했고, 공산주의자들도 심하게 저항했지. 북베트남은 남베트남 정권 반대 운동을 지원했어. 이에 다급해진 미국은 함대를 보내 북베트남을 폭격했어. 폭격을 당한 북베트남도 가만있지 않았지. 이렇게 해서 북베트남과 미국과의 전쟁(2차 베트남 전쟁)이 본격적으로 전개되었어.

이 전쟁에 수십만 명의 미군이 투입되었어. 우리나라 군인도 32만 명이나 참전했지. 폭탄이 우박처럼 쏟아지고, 폭격이 끊이지 않아 사람들이 땅 위로 다닐 수도 없었어. 북베트남 군인과 베트콩(남베트남의 공산주의자)

꾸찌 땅굴

베트남 파견 한국군 파견된 한국 군인 중 전쟁에서 목숨을 잃은 군인은 5000여 명, 부상자는 1만 5000명이나 되었단다.

고엽제를 살포하는 미군 비행기 미군은 베트콩들을 공격하기 위해 풀을 말라 죽게 하는 고엽제를 뿌려 댔어. 지금도 베트남에서는 고엽제로 인해 해마다 약 3만 명의 기형아가 태어난다고 해.

들은 남베트남 밀림 지역에 비밀 땅굴을 파고 숨어 있다가, 밤이 되면 미군 기지를 공격했어. 베트남의 공격을 당할 수 없었던 미국은 정글을 없애기 위해 고엽제를 마구 뿌려 댔어.

45일 만에 전쟁을 끝낼 거라며 자신만만해 하던 미국이었지만 뜻대로 되지 않아.

"미국과의 이 전쟁이 언제 끝날지 모른다. 하지만 우리는 끝내 승리할 것이다."

베트남은 미국에 맞서 죽기 살기로 싸웠어. 미군의 민간인 학살이 널리 알려지면서 미국은 궁지에 몰렸어. 미국과 전 세계에서도 베트남 전쟁을 반대하는 운동이 대대적으로 일어났지. 더 이상 전쟁을 계속할 수 없었던 미국은 결국 베트남과 협상을 벌였단다. 드디어 1975년, 베트남과 미국 사이에 벌어진 전쟁은 끝이 났어. 북베트남이 남베트남을 통일한 거야.

전쟁의 상처를 딛고 일어선 베트남

　미국과의 전쟁이 끝난 이후 베트남은 1975년에 남북 총선거를 실시해 통일 정부를 수립했고, 베트남 사회주의 공화국을 탄생시켰어.
　그러나 전쟁의 피해는 어마어마했어. 땅은 엉망이 되고, 산업 시설은 모두 파괴되었지. 베트남인 150만 명, 미군 5만 명, 그리고 한국군 5000여 명이 희생되었다는구나. 고엽제가 뿌려진 땅은 그야말로 죽음의 땅이 되고 말았어. 고엽제를 맞은 사람들은 상상도 못할 질병에 시달려야 했지.
　이러한 문제를 해결하기 위해 베트남 정부는 여러 가지 정책을 실시했어. 전쟁의 피해도 복구해야 했고, 남북을 하나의 국가로 만들어야 했거든. 국가가 산업을 통제하고, 집단 농장도 만들었지. 베트남은 정말 다시

베트남의 의류 공장 도이머이 정책을 실시한 이후 베트남 경제는 더욱 발전했어.

문재인 대통령 베트남 방문 호찌민 흉상 앞에서 국빈 방문한 문재인 대통령이 쩐 다이 꽝 베트남 주석과 악수하고 있구나.

일어서기 위해 최선을 다했지만 쉽지 않았어. 미국의 보복이 심했거든.

미국은 베트남이 다른 나라로부터 돈을 빌리지도 못하게 하고, 무역도 자유롭게 할 수 없도록 막아 버렸어. 그런데다 베트남은 캄보디아의 일에 간섭하고, 중국과도 국경 문제로 다투느라 경제적으로 더욱 어려웠어. 국민들은 굶주림에 시달려야 했지. 보트를 타고 다른 나라로 떠나는 사람들도 생겼단다.

베트남은 1986년에 '도이머이 정책', 즉 개혁과 개방 정책을 실시했어. 농업 생산력이 점점 늘어나고, 공업도 발달하기 시작했어. 갈수록 외국인들이 투자하고 싶은 나라로 변모해 갔지. 1990년대에는 미국도 봉쇄를 풀어서 베트남의 경제는 더욱 발전하기 시작했단다.

1992년에 한국과 외교 관계를 맺고 이후 미국과도 수교했어. 이후 베트남은 세계적인 쌀 수출국으로 공업을 발전시키며 눈에 띄는 성장을 하고 있지.

새로운 도약을 준비하다

　최근 20여 년 동안 베트남과 한국의 관계에는 많은 변화가 있었어. 외교 관계를 맺은 뒤 한국 기업은 베트남에 공장을 짓고, 베트남 경제 발전에 큰 역할을 했어. 한국에 일하러 온 베트남 노동자도 많단다. 한국으로 시집오는 여자도 많고.

　베트남 수도 하노이에는 한국 백화점도 들어섰어. 거리를 돌아다니다 보면 한국 기업이 지은 건물들도 보이고 한국어로 쓰인 간판도 종종 발견할 수 있지. 한류 바람이 불면서 한국 가요나 드라마도 인기가 많단다. 한국 출신의 감독이 베트남 축구의 영웅이 되기도 했지. 베트남은 한국을 자신들이 닮아야 할 나라로 생각하고 있는 것 같아.

물론 모든 산업을 국가가 계획하고 통제하는 베트남에 자본주의 경제가 빠른 속도로 들어오면서 갈등도 생기고 있어. 민주주의가 발전하지 못하고 공산당이 독재를 하는 점이나 빈부 격차가 점점 벌어지고 있는 것도 큰 문제란다. 이러한 문제를 해결해야 균형 잡힌 발전이 가능할 거야.

그럼에도 베트남은 성장 가능성이 높은 나라야. 곳곳에서 힘차게 움직이는 수많은 젊은이가 베트남의 미래를 보여 주고 있잖아. 풍부한 지하자원과 농산물, 높은 교육열도 베트남의 성장에 밑거름이 될 거야.

앞으로 베트남의 모습은 어떻게 변해 나갈까?

최근 우리나라 문재인 대통령이 베트남에 국빈 방문하면서 두 나라의 관계도 더욱 주목받고 있어. 두 나라가 과거를 딛고 동반자가 되어 협력하며 발전하는 미래를 그려 볼 수 있을 거야.

오토바이를 타고 내달리는 젊은이들 베트남의 가장 큰 장점은 젊고 풍부한 노동력이야. 이 젊은이들이 베트남의 미래를 이끌어 갈 주인공들이야.

출발! 세계 속으로

과거와 미래가 함께하는 도시, 하노이

드디어 베트남의 마지막 여행지인 하노이에 도착했구나! 하노이는 북베트남의 중심 도시로, 통일 후 베트남의 수도가 된 곳이야.

"베트남 마지막 여행지이니 해 보고 싶은 거 다 해 볼래요. 길거리 음식 먹어 보기, 오토바이 택시 타기, 삼촌에게 선물할 베트남 커피도 살래요."

베트남 커피가 유명한 걸 어찌 알았니?

하노이는 우리가 들렀던 호찌민과는 다른 느낌의 도시야. 프랑스에 의해 파괴된 호찌민시와 달리 하노이시에는 북베트남의 역사를 알려 주는 옛 유적들이 곳곳에 남아 있거든.

이곳이 하노이 문묘야. 공자를 모시고 제사를 지내며, 학생들에게 유학을 가르친 곳이지.

하노이 문묘 입구

진사제명비 총 82개의 비석에는 300여 년 동안 116회에 걸쳐 치러진 과거 합격자들의 이름이 적혀 있단다.

하노이의 구시가지(왼쪽)와 신시가지(오른쪽)

저 비석들 좀 봐! 과거 시험 합격자들의 이름이 잔뜩 적혀 있네.

이곳은 구시가지야. 좁은 골목길에 허름한 건물들이 다닥다닥 붙어 있는 모습이 우리나라 1970년대의 모습과 비슷하구나.

저기 시장 골목으로 들어가 볼까? 오토바이와 수많은 사람으로 붐벼 길이 무척 복잡하구나. 음식점, 옷 가게, 그릇 가게, 철물점……. 우리나라 시장과 별로 다르지 않지?

"네, 그런데 아까부터 배에서 꼬르륵 소리가 나요. 포가, 짜조, 반미도 다 먹고, 열대 과일 주스도 먹어 볼래요."

"와, 이 거리는 아까 본 거리와는 차원이 달라요. 무척 깨끗하고 화려해요."

이곳이 신시가지야. 구시가지가 우리나라 1970~1980년대의 모습이라면, 신시가지는 변화하는 베트남을 느낄 수 있는 곳이야.

"하노이는 과거와 현재가 함께 있는 도시 같아요."

맞아. 하노이의 모습은 베트남의 미래를 보여 주지. 앞으로 무한한 가능성을 갖고 힘차게 도약할 베트남의 미래 말이야.

과거와 미래가 함께 보여요.

한 걸음 더!

미안해요! 베트남

"살려 주오. 우리는 총을 들 힘도 없소."

한 노인이 애원해 보았지만 소용없었어. 증언에 따르면, 베트남의 빈호아 마을에 온 한국 군인들은 민간인들을 포탄 구덩이에 넣고 총을 겨누었대. 대부분 힘없는 여성과 노인, 아이들이었는데도 말이야.

베트남 국민들은 한국군을 이해할 수 없었단다. 왜 아무 상관없는 나라의 군인들이 자신들에게 총부리를 겨누는지 말이야.

한국 군인들은 미국의 요청을 받아 베트남이 공산 국가가 되는 것을 막고 자유를 지킨다는 이유로 전쟁터로 보내졌어. 6·25 전쟁 때 한국을 도와준 미국을 돕는다는 구실도 있었지. 전쟁에 참가해 달러를 벌겠다는 생각도 있었어. 우리나라는 베트남 전쟁에서 벌어들인 돈으로 고속도로도 놓고 공장도 세웠어. 박정희 정권은 공산주의 반대를 내세우며 독재 권력을 강화했지.

한국군 증오비
이 비는 베트남 전국 60여 곳에 세워졌어. "하늘까지 닿을 죄악, 만대를 기억하리라."라고 기록되어 있단다.

한베 평화 공원
우리나라에서 모은 성금으로 세운 공원으로, 불행한 과거를 벗어나 새 출발을 염원하기 위해 세워진 공간이야.

한국 군인들은 명령에 따라 총을 들었어. 적군을 죽이지 않으면 내가 죽을지도 모른다는 두려움도 있었지. 민간인과 군인을 구분하기 어렵다는 이유로 민간인에게 피해를 입히기도 했어.

전쟁이 끝난 뒤 베트남 사람들은 미군은 물론 한국 군인에 대한 분노와 증오로 가득했어. 곳곳에 한국군 증오비를 세웠지. 한국과 외교 관계도 끊어 버렸어. 전쟁에 참여했던 사람들도 편치 않은 삶을 살아야 했지. 죄책감에 시달리고, 고엽제 피해로 각종 질병에 시달렸어.

"과거를 닫고 미래를 보자!"

베트남 정부는 전쟁 이후 상처를 들춰내지 않았어. 베트남 국민들이 하나가 되게 하는 데 온 힘을 기울였지. 시간이 흘러 두 나라 사이에 외교 관계도 맺어지고, 상처도 아문 듯 보였어. 하지만 정말 그럴까? 그럴 순 없지. 일본이 위안부 문제 등을 책임지지 않는 것에 대해 우리 국민들은 여전히 분노하고 있잖아.

전쟁의 아픔을 기억하고 평화의 길로 나가려면 우리가 꼭 해야 할 일이 있어. 베트남 국민들에 대한 마음의 빚을 갚아야 해. '미안해요! 베트남'이란 진심 어린 사과의 말과 함께. 또 밝은 미래를 위해 든든한 동반자가 되어 손잡고 나아가야 한단다.

어린이들의 세계사

벌거벗은 채 거리를 달린 네이팜탄 소녀

"너무 뜨거워요, 살려 주세요!"

베트남 전쟁이 한창이던 때, 한 소녀가 벌거벗은 채 겁에 질려 거리를 내달리기 시작했어. 아홉 살 난 소녀 판티킴푹이었지.

트랑방 마을에 떨어진 네이팜탄의 폭격으로 몸에 불꽃이 튀자 입고 있던 옷을 벗어 던지고 무작정 달리기 시작한 거야. 네이팜탄은 매우 높은 열을 내는 폭탄인데 넓은 지역을 불태워 파괴하지.

공포에 질린 소녀의 모습을 기자가 찍어 전 세계에 알렸어. 사진 덕분에 베트남 전쟁의 공포와 끔찍함이 전 세계에 알려졌지. 이 소녀는 이후 '네이팜탄 소녀'로 불렸어. 전쟁의 끔찍함이 알려지면서 미국에서는 전쟁을 반대하는 시위가 곳곳에서 일어났어. 그러면서 베트남 전쟁도 끝이 났단다.

네이팜탄 소녀 킴푹과 그녀의 현재 모습 겁에 질려 도로 위를 뛰어가는 아이들의 모습이란다. 전쟁 속에서 어린이들이 얼마나 공포에 떨었을지 짐작할 수 있지.

킴푹은 얼굴을 제외한 온몸에 심한 화상을 입어 열일곱 번에 걸친 수술을 받았어. 정상적인 생활을 할 수 없었고, 전쟁의 고통과 악몽에 시달리며 살아야 했어. 하지만 그대로 주저앉을 수 없었어. 유학도 하고, 새로운 삶을 살기 위해 노력했지.

한편, 그녀 못지않게 악몽에 시달리며 사는 사람이 있었어. 트랑방 마을에 폭격을 가한 미군 병사 존 플러머야. 그는 우연히 킴푹의 사진을 보고 깜짝 놀랐어. 마을에 민간인이 있을 거라곤 생각도 못하고, 그저 명령에 따라 네이팜탄을 떨어뜨렸던 거야. 죄책감에 시달리던 그는 세월이 흘러 킴푹을 만났어. 눈물을 흘리며 그녀 앞에 무릎을 꿇었지.

"그동안 저는 그 사진을 잊을 수가 없었어요. 당신을 만나 용서를 구하고 싶었습니다!"

킴푹은 그를 용서하고 화해하기로 했어. 존 플러머도 자신과 같은 전쟁의 희생자라고 여긴 거지.

용서와 화해로 전쟁의 아픈 기억을 잊은 그녀는 새로운 삶을 살게 되었어. 유네스코 평화문화 친선대사로 임명되었고, 킴푹 재단도 세웠지. 그녀는 전 세계 곳곳을 누비며 전쟁으로 고통받는 어린이들을 도우며 살아가고 있단다.

한 걸음 더!

베트남 국민들의 존경을 한몸에 받는 호 아저씨

베트남에서 가장 존경받는 사람은 누구일까?

베트남 국민들은 주저하지 않고 '호 아저씨'라고 답한단다. 호 아저씨는 호찌민 주석을 가리키지. 호찌민은 '깨우치자'는 뜻의 가명이야. 그는 독립 운동을 할 때 들키지 않기 위해 수많은 가명을 썼는데 원래 이름은 응우옌 신꿍이야.

베트남 국민들이 그를 호 아저씨로 부르는 이유는 늘 동네 아저씨처럼 친근하고 인자했기 때문이야.

"베트남 국민들이 굶주리는데, 내가 어찌 편하게 살 수 있겠소."

호찌민은 대통령이 되고 나서도 나무로 만든 허름한 이층집에서 살았어. 낡은 타이어를 잘라 만든 샌들을 신고, 색 바랜 낡은 옷을 입었다고 해.

호찌민은 뛰어난 정치 지도자일 뿐 아니라 훌륭한 인품을 가진 사람이었지. 젊은 시절 선원, 정원사, 청소부 등 가난하고 어려운 사람들의 삶을 직접 살았기에 그런 삶이 가능했던 것 같아.

호찌민 집

호찌민은 프랑스 식민 통치 시기에 태어나 어린 시절을 보냈어. 청년이 되어 프랑스에서 공산주의를 접하고 베트남 공산당을 만들어 베트남 독립을 이끌었지. 독립 후에는 베트남의 첫 대통령이 되었단다. 안타깝게도 호찌민은 베트남이 미국과 전쟁을 벌이던 1969년 9월 2일에 심장병으로 세상을 떠났어. 몇마디 유언을 남기고.

"내가 죽거든 성대한 장례식으로 돈과 시간을 낭비하지 마라. 내 시신을 화장해 베트남 북부, 중부, 남부 지역에 뿌려 달라. 무덤에는 비석도 동상도 세우지 마라!"

하지만 그의 뜻은 지켜지지 않았어. 하노이시의 바딘 광장에 호찌민의 묘를 짓고, 시신을 썩지 않게 처리해 모셨거든.

그의 유언은 지켜지지 않았지만, 호찌민의 묘를 찾는 베트남 국민 대부분은 그를 진심으로 추모한단다. 오직 베트남 국민을 위해 살다 간 호찌민에 대한 존경의 마음을 담아서 말이지.

나의 유언을 지켜 주길….

호찌민 묘 베트남 국민의 영웅인 호찌민의 시신을 썩지 않도록 처리해 유리관 속에 보관하고 있단다. 베트남과 여러 나라 참배객들의 참배가 끊이지 않고 있지.

호찌민 동상 오로지 베트남을 위한 삶을 살았던 호찌민은 지금도 국민들의 존경을 한 몸에 받고 있단다.

CHỦ TỊCH HỒ CHÍ MINH
(1890 - 1969)

베트남 여행은 어땠니? 이제 베트남을 제외한 캄보디아, 인도네시아 등 동남아시아 지역의 여러 나라를 여행할 거야. 이 지역에 들어선 여러 왕조는 베트남과는 또 다른 역사와 문화를 간직하고 있어. 곳곳에서 발견되는 유물과 유적들이 아주 오래전 선사 시대부터 사람들이 살아왔음을 알게 해 주지. 인도와 중국 사이에 있던 이 지역은 두 나라의 영향을 많이 받았어. 그러면서도 자신들의 전통을 지켜 나갔지. 동남아시아에 어떤 왕조들이 있었는지, 사람들은 어떻게 살아갔는지 살펴보자.

1~2세기경
최초의 국가, 푸난 성립

7세기경
인도네시아, 스리위자야 왕조 성립

7세기경
첸나 성립

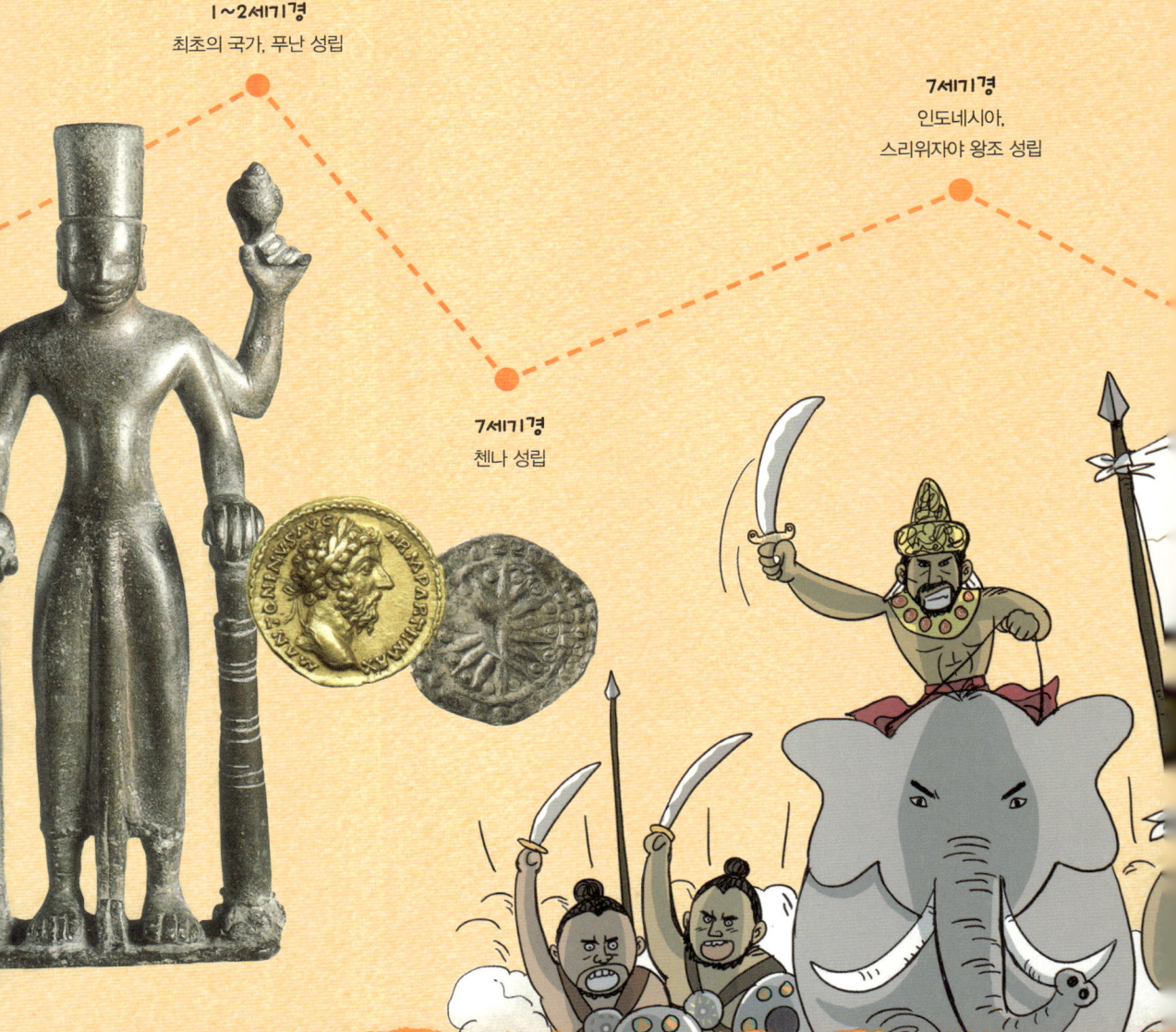

12
동남아시아에 들어선 여러 왕조들

14세기경
스리위자야 왕조 멸망

802년
캄보디아, 앙코르 왕조 성립

1431년
앙코르 왕조 멸망

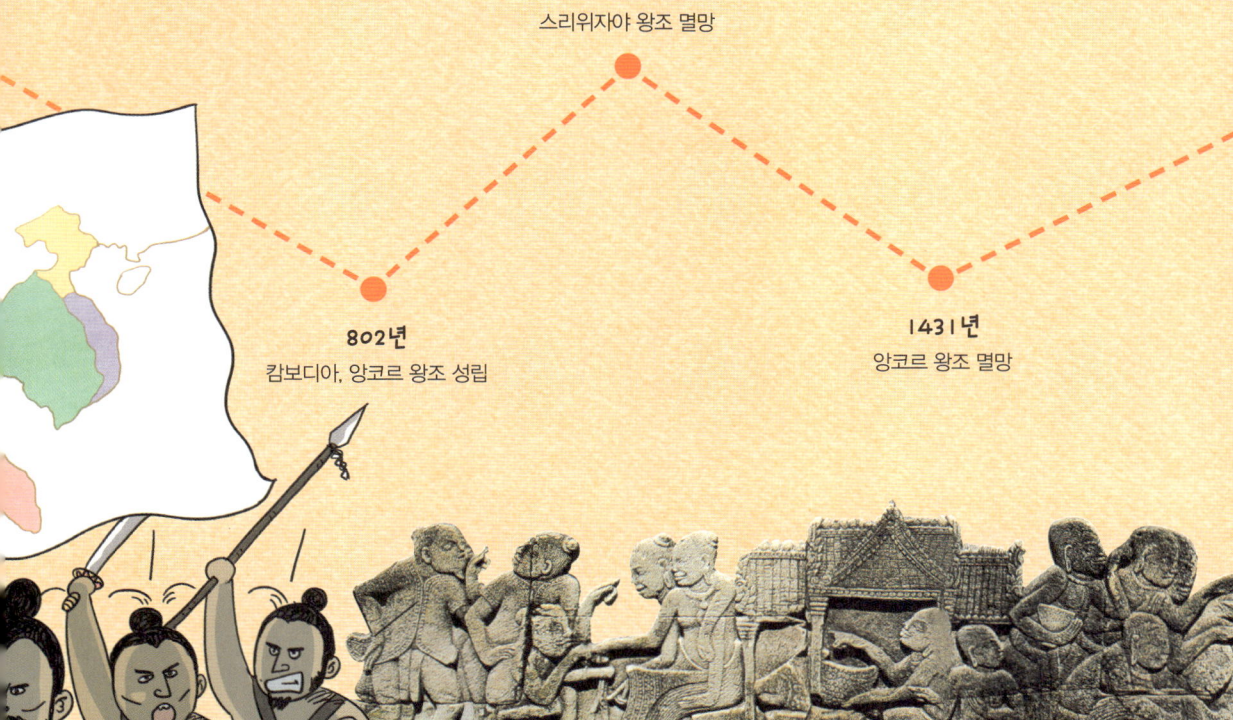

해상 무역을 통해 발전한 푸난

기원전 1~2세기경에 세워진 푸난은 청동기 문화를 바탕으로 한 국가였지. 바닷길을 통해 인도 문화가 전해지면서 푸난이 세워진 거야. 베트남 중부에 참파가 들어선 것도 이즈음이야.

푸난은 지금의 베트남 남부와 캄보디아 지역의 바닷가에 세워졌어. 메콩강 하류의 기름진 평야를 기반으로 했지. 푸난은 강과 바닷길을 이용해 활발한 해상 활동을 벌였어.

"인도에서 얻어 온 로마의 금화요. 로마 황제의 얼굴이 새겨져 있구려."

비슈누 신상 옥애오에서 출토된 인도 힌두교의 신상이야.

로마의 동전(왼쪽)과 푸난의 동전(오른쪽) 푸난의 항구 도시이자 교역의 중심지였던 옥애오에서 발견된 동전이야.

백제 금동 대향로에 새겨진 악어 악어는 백제와 동남아시아의 교류를 보여 주는 증거란다.

"튼튼한 배에 코끼리와 코뿔소를 실어 중국에 보냅시다."

푸난이 있었던 지역에서는 로마의 동전과 금화, 중국 한나라의 구리거울 등 다양한 유물이 발견되었어. 중국과 인도를 오가는 중계 무역을 통해 로마와 지중해의 물건들까지 전해진 거야. 그러면서 인도 문화의 영향을 많이 받았단다.

"중국의 후원이 있어야 우리의 권위를 인정받을 수 있소."

푸난은 중국을 섬겼어. 동남아시아의 특산품이나 인도에서 나는 진귀한 물건을 중국에 바쳤지. 베트남과 달리 중국의 침략도 받지 않았어.

일본 역사책에는 "백제가 부남(푸난)의 재물과 노예 두 명을 일본에 보냈다."라고 기록되어 있어. 이를 통해 백제와 푸난이 교류했음을 알 수 있지. 백제 금동 대향로에 새겨진 악어는 동남아시아 지역에서만 볼 수 있는 동물이야.

푸난은 6세기경부터 서서히 힘을 잃었어. 중국이 직접 동남아시아 지역과 교역하면서 중계 무역의 이익이 줄어들었거든. 참파와도 충돌한 데다 내란까지 겹쳤지. 그 자리를 대신한 국가가 크메르족이 세운 진랍(첸나)이었어.

푸난의 국제 교역로

앙코르 왕조, 힌두 문화를 꽃피우다

시간이 지나면서 동남아시아 여러 나라는 점점 더 인도의 영향을 많이 받았어. 특히 불교와 힌두교가 널리 퍼져 나갔어. 하지만 인도 문화를 그대로 받아들인 것은 아니야. 인도 문화를 바탕으로 자신들의 독자적인 문화를 만들었지.

인도의 영향을 받으며 점차 힘을 키워 거대한 왕국을 이룬 나라가 있었어. 크메르인이 9세기에 캄보디아 지역에 세운 앙코르 왕조야.

"6개월간 줄기차게 비가 내리고 나면, 이후 6개월간은 비 구경을 할 수 없으니 가뭄이 심합니다."

"곳곳에 저수지를 만들어 일 년 내내 농사를 지을 수 있도록 하시오."

앙코르 왕조는 거친 땅을 기름진 땅으로 개간해 곡식을 생산해 냈어. 서서히 성장해 100만이 넘는 인구도 거뜬히 먹여 살릴 수 있을 정도가 되었지.

소리아보르만 2세 앙코르 와트를 지은 수리야바르만 2세의 모습이야.

"비슈누 신에게 바칠 신전을 짓도록 하라."

12세기에 들어 전성기를 맞게 된 앙코르 왕조의 소리아보르만 2세는 거대한 힌두교 신전인 앙코르 와트를 만들게 했어. 날마다 2만 5000명을 동원해 37년 동안 만들었다고 해. 앙코르 왕조는 주변 베트남 지역까지 세력을 넓히며 대제국을 건설하고 번영을 누렸지. 각 도시를 연결하는 도로도 건설했어. 한때 여행자나 상인들이 머물 여관을 120여 개나 짓고 102개나 되는 병원을 세웠다고도 해.

영원할 것 같던 앙코르 왕조도 무능한 왕들이 연이어 왕위에 오르며 흔들리기 시작했어. 잦은 가뭄과 홍수로 백성들의 생활은 더욱 어려워졌지. 그러는 사이 이웃 국가들은 세력을 키워 나갔어. 결국 15세기, 태국 아유타야 왕조의 침략을 받아 멸망하고 말았단다.

앙코르 와트 앙코르 왕조 때 만들어진 힌두교 신전이야. 앙코르는 '왕도', 와트는 '신전'이라는 뜻이지. 돌을 쌓아 만든 우주의 축소판이란다.

앙코르 와트에 새겨진 사람들

인도네시아에서 꽃핀 불교 왕국, 스리위자야

인도네시아 수마트라섬 동부에서는 7세기에 스리위자야 왕조가 세워졌어. 이후 강력한 해상왕국이자 불교 왕국으로 번성했단다.

스리위자야는 수많은 무역선이 지나가는 길목인 믈라카 해협을 차지한 뒤 앙코르 왕조와 더불어 해상 무역을 주도하며 성장해 나갔어. 거대한 배를 만들어 인도와 중국을 다니며 중계 무역을 했지.

"계절에 따라 방향이 바뀌는 바람을 이용해 중국에서 동남아시아를 거쳐 인도로 가야 하오."

"바람의 방향이 바뀔 때까지 5개월을 기다려야겠는걸!"

스리위자야의 항구는 상인들이 머물 곳과 먹을 음식을 제공해 주고, 폭풍도 피할 수 있게 해 주었지. 항구는 여러 나라 상인들로 북적였어.

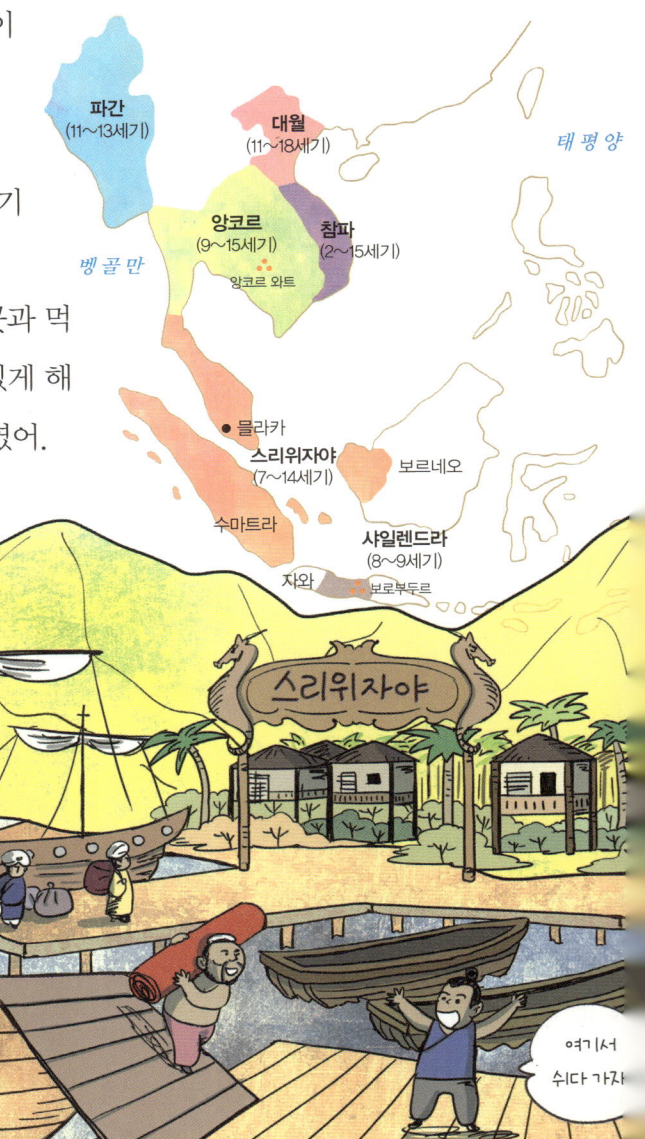

스리위자야 왕조의 황금 마스크 스리위자야 왕조의 번영을 엿볼 수 있는 궁전 장식품이야.

샤일렌드라 왕조의 대형 범선 뛰어난 항해 기술을 갖추고 있었던 샤일렌드라 왕조는 중국 남부까지 진출해 활발히 교역 활동을 벌였어.

"충성하는 자에게는 상을 내리고, 충성을 저버리는 자에게는 보복을 할 것이다."

스리위자야의 왕은 강력한 권력을 가지고 주변 세력을 다스렸어. 스리위자야 왕조는 불교 왕국이었기 때문에 수도에는 1000명이 넘는 승려가 있었다고 해.

한편, 자와섬에는 불교 국가인 샤일렌드라 왕조가 들어섰어. 8세기 무렵 거대한 불교 사원 보로부두르가 세워지기도 했지. 나중에 스리위자야는 샤일렌드라 왕조를 공격하면서 더욱 성장했어.

스리위자야는 말레이 반도와 수마트라섬, 자와섬 지역을 지배하며 전성기를 누렸는데, 14세기에 이르러 주변 왕조의 팽창으로 멸망했어.

세계의 불가사의, 앙코르 와트

"와, 이 많은 사람이 앙코르 와트 일출을 보기 위해 온 거예요?"

"앙코르 와트의 일출은 세계적으로도 유명하거든. 해가 떠오른다!"

"우아~ 신비로워요. 호수에 비친 모습도 너무 아름다워요."

호수에 건물이 떠 있는 것 같지? 실제로는 습지를 흙으로 메워 인공 섬을 만들고, 그 위에 돌로 쌓아 3층 건물을 지은 거야.

"포클레인도 없고, 크레인도 없던 시대에 이런 건축물을 짓다니 너무 놀라워요."

앙코르 와트는 왕궁이자, 힌두교 신들을 모신 사원이었어. 앙코르 왕조가 크게 발전했던 12세기 소리아보르만 2세 때 짓기 시작해 37년 만에 다 지어졌어. 앙코르 왕조가 멸망하면서 밀림 속에 잠들어 버렸지. 그러다 400여 년이 흐른 뒤 프랑스 역사학자가 발견하면서 그 신비한 모습이 세상에 알려지게 되었단다.

앙코르 와트의 전경

앙코르 와트의 구조

사원 안으로 들어가 볼까? 앙코르 와트는 힌두교도들이 생각하는 우주를 옮겨 놓은 거야. 중앙의 가장 높은 탑 보이지? 저 탑은 힌두교에서 신성하게 생각하는 메루산을 본떠 만든 건데, 우주의 중심을 뜻하지. 높이가 60여 미터나 된단다. 4개의 탑은 메루산 주위의 산봉우리를, 탑을 둘러싼 성벽들은 산을, 호수는 우주의 바다를 뜻해.

1층과 2층 성벽에는 힌두교 신화의 내용과 왕국의 건국 과정, 그리고 정복 전쟁과 관련된 내용들이 새겨져 있어.

3층은 신들이 사는 신성한 곳이야. 그러니 겸손한 마음으로 몸을 숙여 조심스럽게 오르라고 저렇게 계단을 가파르게 만들었다는구나.

앙코르 와트의 벽면 조각 벽에는 힌두교 신인 비슈누의 일생, 왕국의 정복 전쟁 등에 대한 내용이 새겨져 있단다.

올라오느라 수고했어. 여기가 아까 이야기했던 메루산을 뜻하는 중앙 신전이야. 저기 멀리 보이는 정글 좀 보렴. 우주 한가운데 있는 느낌이 들지 않니?

"수리아바르만 2세는 왜 이 사원을 지은 거예요?"

종교적인 믿음 때문이었겠지만 그게 다가 아니란다. 신전을 지어서 자신은 신이 선택한 인물이고, 신과 같은 존재임을 보여 주려고 한 거야. 죽어서 신이 되고 싶은 바람도 있었던 것 같아. 죽은 뒤 이곳에 묻혔다는 이야기도 있거든.

"다음에 어른이 되면 배낭 메고 혼자 다시 한 번 오고 싶어요. 그때까지 잘 보존되어 있어야 할 텐데……."

무서워요! 거의 절벽이에요.

출발! 세계 속으로

세계 최대의 불교 사원, 보로부두르

오늘은 세계 최대 불교 사원인 보로부두르에 갈 거야. 샤일렌드라 왕조가 세운 사원인데, 유네스코 세계 문화유산이란다.

"저기 나무숲 위로 솟은 탑이 보여요."

보로부두르는 일반적인 사원과는 좀 달라. 불상과 탑을 모아 산 모양으로 만들었거든. 앙코르 와트보다 300년이나 앞선 8세기에 지어졌다고 해. 지은 지 얼마 안 돼 화산 폭발이 일어나 1000여 년 동안 화산재와 정글 밀림 속에 묻혀 있게 되었어. 그러다 1814년, 영국 총독에 의해 발견되어 깊은 잠에서 깨어나 모습을 드러내게 되었지.

이제 올라가 볼까?

"10층이나 되네요."

보로부두르 전경 사원 전체가 탑과 같은 모양을 하고 있어. 아래가 넓고 위가 좁은 피라미드형 건축물이지.

옆에서 바라본 보로부두르 사원

둘레가 4킬로미터, 높이는 약 32미터나 된단다. 1~2층은 전생, 3~7층은 우리가 살고 있는 현재의 세상, 8층부터는 깨달음을 얻은 후에 갈 수 있는 극락세계를 뜻해. 벽면에는 부처가 살아온 이야기와 가르침이 새겨져 있으니 잘 살펴보렴.

"드디어 가운데 있는 종 모양의 큰 탑을 가까이에서 볼 수 있군요."

주위의 종탑들이 72개나 되고, 곳곳에 있는 불상들이 500여 개나 된단다.

"목이 잘린 불상이 많던데, 왜 그런 거예요?"

안타깝게도 이곳에 온 이슬람교도와 유럽인들이 파괴해서 그렇게 되었다고 해. 저 불상처럼 멀리 내다보고 앉아 있으면 모든 걱정이 사라질 것 같지 않니?

구멍 뚫린 종 모양의 탑과 불상 종 모양의 72개 탑 안에 불상이 있어. 탑 안의 부처님을 만지면 행운이 온다는 이야기가 전한단다.

12 동남아시아에 들어선 여러 왕조들

동남아시아 태국에는 아직도 왕이 존재해. 태국은 방콕, 푸껫, 파타야 같은 관광지로 우리에게 익숙한 나라지. 태국에 가면 덩치 큰 코끼리와 황금빛 불상들을 곳곳에서 볼 수 있단다. 태국 지역에는 베트남, 캄보디아 지역보다 조금 늦게 국가가 세워졌어. 주변의 미얀마와 말레이시아에도 비슷한 시기에 국가가 들어섰지. 지금부터 태국, 미얀마, 말레이시아 지역에서 펼쳐진 이야기들을 들어 볼까?

1044년
미얀마, 파간 왕조 성립

13세기
태국, 수코타이 왕조 성립

13
서로 경쟁하며 발전한
동남아시아 왕조들

16세기
미얀마, 퉁구 왕조 성립

14세기경
태국, 아유타야 왕조 성립

1400년경
믈라카 왕국 성립

18세기
태국, 짜끄리 왕조 성립

타이 왕조, 불교 문화를 꽃피우다

"불교 왕국으로, 흰 코끼리를 신성하게 여기는 나라는?"

바로 타일랜드야. '타이, 태국'이라고도 부르지. 태국은 인도차이나 반도 중심에 있어. 원래는 우물을 뜻하는 '시암'이라고 불렸어. 타이족이 우물을 중심으로 마을을 이루고 살았기 때문이야.

중국 남서부 지역에 살던 타이족은 기름진 땅과 강을 찾아 남쪽으로 내려왔어. 앙코르 왕조가 번영을 누리던 13세기 즈음, 타이족은 수코타이 왕조를 세우며 역사 속에 등장했어.

"힌두교와 불교를 받아들입시다. 불교를 나라의 종교로 삼고, 곳곳에 절을 짓도록 하시오."

수코타이 왕국의 불상

수코타이 왕조는 인도차이나 반도에 있던 앙코르 왕조로부터 인도 문화를 받아들였어. 당시 전해진 불교는 상좌부 불교였어. 개인의 수행을 통해 깨달음을 얻을 수 있다고 가르쳤지.

수코타이 왕조는 고유 문자도 만들어 사용했단다. 우리글인 한글이 만들어진 것보다 150여 년이나 앞섰다고 해.

수코타이 왕조는 한때 앙코르 왕조를 침공할 정도로 번성했어. 하지만 14세기 들어 새롭게 등장한 아유타야 왕조가 그 자리를 대신했단다. 아유타야 왕조는 중국, 인도, 동남아시아 국가들과 활발히 무역하며 발전했어. 아유타야 상인이 고려와 조선에도 왔다고 해.

힘을 키운 아유타야 왕조는 앙코르 왕조까지 몰락시켰지. 주변 지역으로 세력을 떨치며 인도차이나에서 최강국이 되었어. 하지만 아유타야 왕조도 미얀마 지역 왕조의 침략으로 쇠퇴해 400여 년 만에 멸망해 버렸어. 이후 짜끄리 왕조가 세워졌어. 태국에서는 지금도 짜끄리 왕조가 이어지고 있단다.

왓 프라시산펫 사원
아유타야 왕조의 불교 유적이야. 아유타야의 사원 가운데 가장 규모가 크고 아름다운 사원이란다.

미얀마의 왕조, 아유타야를 정복하다

타이족과 함께 중국 남부에서 이주해 와 나라를 세운 민족이 있었는데, 버마족이란다. 버마는 '미얀마'의 옛 이름이야.

미얀마는 인도차이나 반도에 있는 나라 중 가장 넓은 영토를 가졌어. 천연자원이 많고, 이라와디강 하류에는 기름진 땅이 넓게 펼쳐져 있어 농사짓기에도 아주 좋았지. 미얀마는 세계 최대 불교 국가로, 곳곳에 황금빛 탑이 많아 '황금의 나라'로 불리기도 해.

버마족이 미얀마 지역에 세운 최초의 통일 왕조는 1044년에 세워진 파간 왕조야. 파간 왕조도 타이족이 세운 왕조랑 비슷한 부분이 많았어. 중국과 인도 문화의 영향을 받았고 상좌부 불교를 믿었지.

열렬한 불교 신자였던 왕들은 곳곳에 절과 탑을 세웠어. 왕뿐만 아니라 권력을 가진 사람이라면 누구나 탑을 세웠지. 5000여 개의 탑이 세워져 탑의 숲을 이룬 곳도 있었어. 어디든 절이 있었고, 어디서든 탑을 볼 수 있었다고 해.

불교 성지 파간 수많은 탑이 마치 숲을 이루고 있는 것 같단다.

파간 왕실의 생활 미얀마 왕실의 생활을 잘 보여 주고 있어.

왜 이렇게 수많은 탑을 세운 걸까? 탑을 쌓으면 공덕을 쌓는 것이라고 생각했기 때문이야. 그런데 탑을 쌓을 때 백성들을 강제로 동원하지 않고, 임금을 주었다는구나. 왕들이 공덕을 쌓는 방법을 제대로 알고 있었나 봐.

불교 왕국을 건설한 파간 왕조에 시련이 닥쳤어. 몽골이 침략해 왔거든. 결국 파간 왕조는 몽골에게 무릎을 꿇고 1287년에 몰락하고 말았지.

200여 년간의 혼란기를 거쳐 16세기에 퉁구 왕조가 들어섰어.

"우리 문자를 만들고, 정복 활동을 벌입시다."

퉁구 왕조는 주변 나라들이 두려워할 정도로 세력을 키워 인도차이나의 강자로 군림했지. 코끼리 부대를 앞세워 태국 지역의 아유타야를 공격해 불살라 버렸지. 훗날 퉁구를 이은 왕조 때는 아유타야 왕조를 멸망시켜 버렸단다.

이슬람 왕국, 믈라카

"아기 사슴이 죽기 살기로 싸워 사냥개를 물리치네."
"사슴처럼 약하지만 용감하게 맞서면 거대한 세력도 거뜬히 물리칠 수 있구나!"

인도네시아 수마트라섬에서 쫓겨온 왕자 파라메스와라는 사슴이 사냥개를 물리치는 광경을 보고 깨달음을 얻었어. 그리고 새로운 나라를 세우기로 결심하고 믈라카 왕국을 세웠지.

믈라카 왕국은 1400년경 지금의 말레이시아 지역에 세워졌어.

이 무렵쯤 인도네시아 지역에 이슬람 상인들의 발길이 닿기 시작했어. 이슬람교도 전해졌지. 믈라카 왕국 사람들은 이슬람 상인들의 무역 네트워크에 들어가기 위해 이슬람교를 믿기 시작했어. 믈라카 왕도 이슬람교를 열심히 믿었지.

믈라카는 이슬람 상인들과 인도 상인들의 배로 넘쳐 났어. 중국 배들도 가득했지. 중국에서 온 도자기와 진주, 인도에서 온 면직물, 그리고 동남아시아 지역에서 나는 후추와 각종 향신료가 상인들의 배에 그득히 실려 이곳저곳으로 팔려 갔어.

믈라카 왕국의 항구 도시 믈라카 왕국은 동남아시아를 오가는 여러 나라 배들이 편리하게 이용할 수 있는 항구 시설을 만들었어.

이슬람교의 동남아시아 전파 믈라카 왕국은 이슬람교를 적극적으로 받아들이면서 이 시기 동남아시아 최대의 이슬람 국가로 성장했어.

믈라카는 세계적인 무역항으로서 동서 교역의 중심지 역할을 했고, 믈라카 왕국은 더욱 번영을 이루었지.

"믈라카는 전 세계에서 가장 많은 상인이 넘쳐 나고, 각종 물건을 볼 수 있는 최대의 항구라오."

믈라카는 누가 봐도 탐나는 지역에 자리 잡은 왕국이었어. 이런 믈라카 왕국을 호시탐탐 노리는 세력이 있었어. 바로 유럽 세력이지.

과연 믈라카 왕국의 앞날은 어떻게 될까?

13 서로 경쟁하며 발전한 동남아시아 왕조들 195

출발! 세계 속으로

목 잘린 불상이 있는 아유타야

아유타야 왕조의 수도였던 태국의 '아유타야'는 우리나라의 경주와 같은 도시야. 도시 전체가 세계 문화유산으로 지정된 곳이지.

저기 좀 봐. 온통 불상과 불탑들이지? 불교 국가답지 않니? 아유타야의 가장 대표적인 문화유산인 왓 프라 마하탓 사원으로 가 볼까?

이곳에서는 독특한 불상을 볼 수 있어.

"저거군요. 나무뿌리에 박힌 목 잘린 불상이요."

예술가가 만들어 놓은 작품 같구나.

"왜 불상 머리 부분만 나무뿌리에 박혀 있는 거예요?"

아유타야 왕조의 역사 속에서 그 답을 찾을 수 있어. 찬란한 역사를 자랑하던

항구 도시 아유타야의 전경 운하가 도시 중심부를 가로지르고 곳곳에 불탑이 세워져 있는 17세기 아유타야의 모습이야.

왓 프라 마하탓 목이 잘린 불상의 표정이 왠지 모르게 편안해 보여.

아유타야 왕조가 멸망하게 된 것은 바로 미얀마의 꽁바웅 왕조가 코끼리 부대를 앞세워 쳐들어왔기 때문이야. 그들은 수도인 아유타야를 불사르고, 아유타야 왕조의 상징인 불상과 불탑을 파괴해 버렸지. 불상들 목도 다 잘라 버렸어. 곳곳에 부서지고 불에 타 검게 그을린 불탑과 불상이 많이 있단다.

　복원되지 않고 부서진 채로 있는 수많은 불상을 보니, 어떤 생각이 드니? 아픈 역사도 잊지 말아야 한다는 사실을 전하기 위해 그대로 둔 것 같지 않니? 정확하게 알 수는 없지만, 부서진 불상들 덕분에 적군에 의해 불태워진 아유타야 왕조의 슬픈 역사를 기억할 수 있는 것 아닐까?

차이왓타나람 사원 17세기에 세워진 사원이야. 가운데 우뚝 선 탑은 우주의 중심을 상징한단다.

왓 야이차이 몽콘 거대한 불상이 누워 있는 곳으로 유명하단다. 곳곳에 서 있는 뾰족한 불상과 불탑이 인상적이지.

어린이들의 세계사

아침 일찍 탁발하는 태국의 어린 승려들

"아휴, 답답해, 다리도 저려."

"눈 뜨면 안 돼, 부처님 말씀을 마음에 새기는데 그 정도는 참아야지."

태국의 어린 승려들은 날마다 두 손을 모으고 명상을 한단다. 명상이 끝나면 절 앞마당도 깨끗이 쓸어야 해.

이른 아침 주황색 승려복을 입고 탁발을 하기도 하지. 잠도 덜 깬 눈을 하고 맨발로 말이야. 탁발은 마을을 한 바퀴 돌며 집집마다 음식을 얻으러 다니는 것을 말해. 탁발한 음식은 다시 불쌍한 사람들에게 나눠 주거나, 절에 가져와 나눠 먹는단다.

주황색 승려복을 입고 탁발을 하는 태국의 어린 승려들

불교 국가인 태국에서 남자들은 일생에 한 번은 머리를 깎고 절에 들어가 승려 생활을 해야 한다고 생각해. 국왕부터 일반 국민들까지 누구나 말이야. 어린아이들은 주로 방학을 이용해 절에 들어가지. 이러한 의식을 '부엇' 혹은 '부엇낙'이라고 해.

승려 생활을 해야 어른 대접을 받을 수 있고, 결혼을 할 때나 취직을 할 때도 수월하단다. 승려 생활을 하지 않은 사람을 '콘딥'이라고 불러. '익지 않은 사람'이라는 뜻이지. 20세 전후로 부엇낙을 치르는데 짧게는 일주일, 길게는 3년 정도 절에서 생활하고 보통은 3개월 정도 한다고 해.

태국 국민의 약 95퍼센트가 불교를 믿고 있어. 곳곳에 절도 엄청 많지. 절은 학교, 병원, 양로원, 고아원의 역할을 하기도 해. 마을 축제도 절에서 열리지. 승려들의 사회적 지위도 굉장히 높아. 국왕도 승려 앞에서는 무릎을 꿇고 절을 한대.

태국에 여행 가거든 함부로 승려의 몸에 손을 대면 안 된단다. 여자들이 승려 몸에 손을 대면, 그동안 쌓은 공덕이 무너진다고 여겨 승려를 그만둔다고 하니 말이야.

부엇낙 부엇낙은 머리를 깎고 승려가 되는 의식이야. 태국에서는 매우 큰 행사란다.

부처님의 말씀을 공부하는 태국의 어린 승려들

13 서로 경쟁하며 발전한 동남아시아 왕조들

동남아시아는 북쪽은 중국, 서쪽은 인도, 동쪽은 넓은 태평양 바다로 열려 있어. 다른 나라들과 활발히 무역할 수 있는 장점이 있는 지역이지만 다른 세력의 침입도 쉽게 받을 수 있는 곳이야. 이런 동남아시아에 유럽의 여러 나라가 거대한 배와 대포를 앞세워 침략해 왔어. 이후 일본도 침략해 왔지. 과연 동남아시아의 여러 나라는 그들의 침입을 잘 막아 냈을까?

1565년
필리핀, 에스파냐의 식민지가 됨

1887년
프랑스령 인도차이나 연방 성립

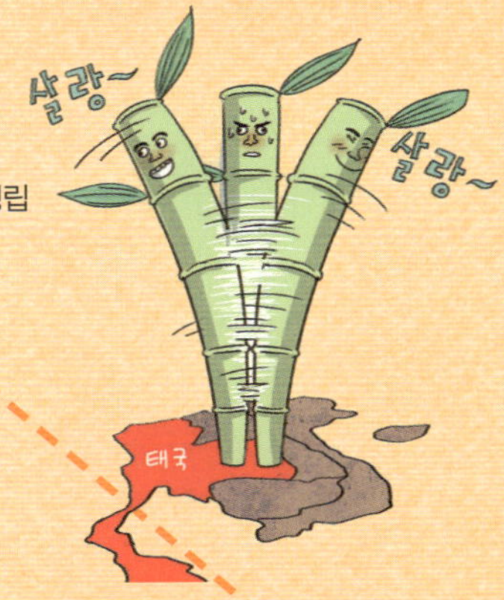

1863년
캄보디아, 프랑스의 식민지가 됨

1893년
라오스, 프랑스의 식민지가 됨

14
서양 세력과 일본의 침입을 받은 동남아시아

1898년
필리핀, 에스파냐로부터 독립

1901년
필리핀, 미국의 식민지가 됨

1942년
일본, 필리핀 마닐라 점령

유럽 세력에게 무역권을 빼앗기다

"아시아로 가는 길목인 이곳을 차지하면 중국과 무역하기가 훨씬 더 좋겠는걸."

"갖가지 향료도 쉽게 구할 수 있고."

포르투갈, 네덜란드, 에스파냐, 영국, 프랑스는 동남아시아의 무역항을 차지하기 위한 계획을 차근차근 추진했어.

"아시아의 땅끝까지 크리스트교를 널리 전파합시다."

선교사들도 배에 몸을 싣고 동남아시아로 건너왔지.

16세기 초, 가장 먼저 포르투갈이 동남아시아에 침략의 손길을 뻗쳤단다. 이슬람 세력을 물리치고 믈라카를 점령해 무역 기지로 삼고, 중국의 마카오까지 차지했지. 하지만 포르투갈의 기세는 오래가지 못했어.

"이 섬은 에스파냐 펠리페 2세의 영토임을 선언하노라."

에스파냐는 군대를 이끌고 와 필리핀을 점령해 버렸어. 원주민들이 평화롭게 살고 있던 여러 섬들이 에스파냐 국왕 펠리페 2세의 이름을 따서 '필리핀'으로 불리게 되었지.

포르투갈 함선 1512년 믈라카 왕국의 보물을 싣고 항해하다가 침몰한 포르투갈의 범선을 복원한 거야.

다음은 네덜란드였어. 네덜란드는 이들보다 조금 늦게 등장했지만 훨씬 강력했단다. 경쟁 관계였던 포르투갈을 물리치고 믈라카를 빼앗아 버렸지. 뒤이어 온 영국까지 물리치고 최강의 해상 국가임을 자랑했어. 1602년, 네덜란드는 동인도 회사를 통해 인도네시아 지역의 무역을 대부분 장악하고, 네덜란드령 동인도를 세웠어. 인도네시아란 이름도 유럽인이 붙인 거야. '인도에 붙어 있는 섬들(네시아, nesia)'이란 뜻이지.

네덜란드에게 패한 영국 상인들은 인도로 물러났어. 네덜란드 상인들은 이후 중국과도 활발한 무역을 했고, 일본에도 드나들면서 유럽 문화를 전해 주었어.

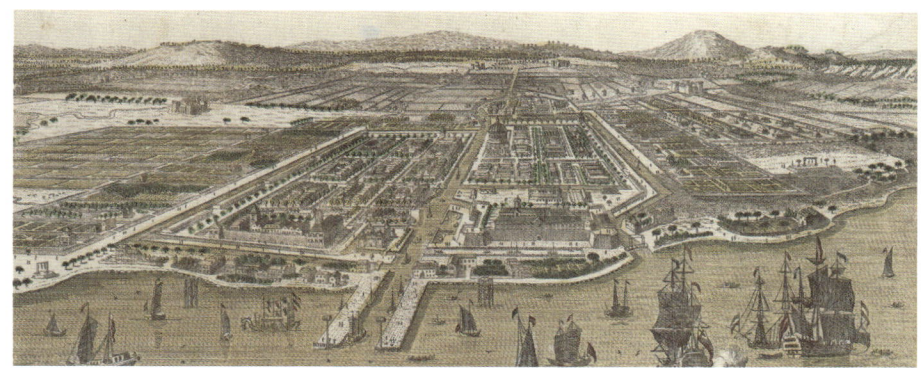

네덜란드의 무역 거점 바타비아(자카르타) 네덜란드 동인도 회사의 동인도 총독부가 있었던 곳이야. 네덜란드의 아시아 무역 중심지 역할을 했지.

동남아시아에 칠해진 유럽의 색깔

산업 혁명 이후 유럽 세력은 침략의 손길을 더욱 뻗쳐 왔어. 19세기 말 동남아시아는 유럽 나라들의 식민지로 전락하고 말았어. 이 경쟁에 미국도 뛰어들었지.

"힘을 모아 우리 항구를 지켜 냅시다."

동남아시아 사람들은 안간힘을 쓰며 저항했어. 그러나 유럽의 군함과 대포 앞에서 맥없이 무너질 수밖에 없었단다.

인도네시아는 네덜란드, 필리핀은 에스파냐의 식민지가 되었어. 나중에 미국은 에스파냐를 물리치고 필리핀을 빼앗았지.

영국은 말레이 반도와 미얀마를 식민지로 삼았어. 인도와 중국을 연결하려던 영국에게 동남아시아 땅은 꼭 필요했거든. 인도차이나의 베트남, 캄보디아, 라오스도 프랑스의 식민지가 되었지.

"커피와 사탕수수 농장을 만들어야지. 담배도 좋겠어."

"고무, 주석까지 이 땅에서 나는 것은 모두 유럽으로 가져갑시다."

영국의 침략을 받은 미얀마 영국은 미얀마를 다스리기 위해 분열 정책을 사용했어. 대다수가 불교를 믿는데 소수 민족에게 크리스트교를 전파해 종교적인 대립으로 서로 하나가 되지 못하게 했지.

　항구마다 농산물과 지하자원을 가득 실은 채 유럽으로 떠날 준비를 하는 배들로 북적였어.

　동남아시아 사람들은 땀 흘려 생산한 농산물을 다 빼앗기고, 비싼 유럽 제품을 사서 쓰는 신세가 되었지. 전기나 철도 등 근대 시설이 갖추어졌지만 약탈과 식민 통치를 위한 것이었어.

　동남아시아 곳곳에 성당과 교회가 들어서고, 벽돌과 타일로 지은 유럽풍 건물들이 세워졌어. 대신 그들의 전통은 하나둘 파괴되어 갔단다.

태국, 대나무 외교로 독립을 유지하다

동남아시아 국가들이 하나둘 식민지가 될 때 유일하게 독립을 유지한 나라가 바로 태국이야.

"서양의 학문을 배우고, 군사 기술도 받아들여 나라의 힘을 기릅시다."
"영국과 통상 조약을 맺더라도 독립을 지켜야 하오."
"프랑스에게는 동쪽의 땅을 떼어 줍시다."

태국의 왕들은 근대적인 개혁을 추진하며 나라를 안정시켰어. 때론 영국과 프랑스 두 나라의 요구를 들어주기도 했지. 영국과 프랑스의 경쟁 관계를 교묘히 이용한 현명한 외교 정책이었지. 국가의 이익을 위해 이리저리 휘기도 했지만 꺾이진 않았어. 그래서 '대나무 외교'라고도 부른단다.

지리적인 이점도 태국의 독립에 중요한 역할을 했어. 당시에 영국이 서쪽 미얀마를, 프랑스가 동쪽 인도차이나를 차지하고 있었으니까.

"우리 영국이 태국을 점령하면 프랑스가 가만히 있지 않겠지."

"우리 프랑스가 태국을 공격하면 영국이 공격해 올 텐데."

이렇듯 영국과 프랑스 사이에 낀 태국은 두 나라의 충돌을 막는 역할을 하면서 독립을 유지했지.

영국과 프랑스 두 나라에게 땅을 떼어 주다 보니 영토는 좀 줄어들었어. 그래도 태국은 식민지로 전락해 가던 주변국들과 달리 나라를 지킬 수 있었지.

독립을 유지한 태국은 서양의 민주주의가 들어오면서 1932년에 큰 변화를 맞았어. 왕족들이 권력을 누리며 부정부패를 일삼자 군인들이 반란을 일으킨 거야. 이후 태국은 왕의 권력이 법에 의해 제한받는 입헌 군주제 국가로 다시 태어났단다.

쭐랄롱꼰(라마 5세)

짜끄리 궁전 지붕은 태국의 전통적인 건물 양식이고, 건물 몸체는 유럽식으로 지어졌단다.

동남아시아, 독립을 위해 싸우다

필리핀이나 인도네시아처럼 수많은 섬으로 이루어진 나라의 사람들은 자신들이 한 나라의 국민이라는 생각이 없었어. 그런데 서양 세력의 침략에 저항하면서부터 이 같은 생각이 바뀌기 시작했지. 유럽의 식민지가 된 동남아시아 나라들은 독립을 위해 싸웠어. 근대화를 위한 개혁을 추진하기도 했지.

독립 운동이 가장 먼저 일어난 지역은 필리핀이었어. 그 중심에 선 사람이 필리핀 독립의 아버지로 불리는 호세 리살이야.

의사이기도 했던 그는 필리핀 동맹을 만들어 저항하다 결국 체포되었지. 많은 필리핀 사람들이 지켜보는 가운데 수도 마닐라의 광장에서 총살당했어. 그의 죽음은 독립 운동에 불을 붙였어. 오랜 투쟁 끝에 필리핀은 1898년에 필리핀 공화국을 세웠지. 하지만 독립을 이룬 것은 아니었어. 필리핀도 모르는 사이에 미국이 에스파냐로부터 필리핀을 넘겨받기로 밀약을 맺었던 거야. 그러자 에밀리오 아기날도가 중심이 되어 다시 독립 운동을 펼쳐 나갔단다.

리살 동상 호세 리살이 처형된 곳에 조성된 리살 공원에 있다.

호세 리살

필리핀 독립군을 이끈 아기날도 아기날도는 독립군을 이끌고 미국과 맞서 싸우다 사로잡혔지.

카르티니와 그녀가 쓴 책 인도네시아에서 추앙받는 카르티니야. 그녀가 쓴 《자바 공주의 편지》는 유럽에 소개되었어.

"미국 헌법을 꼼꼼하게 살펴보았는데, 식민지를 두지 못하도록 되어 있습니다. 그러니 겁낼 필요가 없습니다."

아기날도는 필리핀에 상륙한 미군들 앞에서 당당히 이야기했지. 하지만 필리핀은 1945년이 되어서야 독립을 이룰 수 있었단다.

카르티니는 인도네시아의 어머니로 불리는 민족 운동가야.

"국민을 깨우쳐야 네덜란드로부터 벗어날 수 있소. 빨리 여학교를 세워 여성들을 교육시킵시다."

안타깝게도 그녀는 결혼 후 아이를 낳다 스물다섯 살 젊은 나이에 죽고 말았지. 이후 곳곳에 카르티니 학교가 세워졌고, 카르티니의 생일은 '카르티니의 날'로 정해졌지. 그녀는 인도네시아의 민족 운동에 큰 영향을 끼친 인물이야.

이렇듯 각국에서 일어난 독립 운동 덕분에 동남아시아 국가들은 하나둘 독립을 위한 기틀을 마련해 갔단다.

일본에게 점령당한 동남아시아

1940년 이후 동남아시아 곳곳에 일본군 군사 기지가 건설되었어. 1937년에 중일 전쟁을 일으킨 일본이 동남아시아 지역까지 침략해 온 거였지.

"동남아시아를 차지해 우리의 꿈을 이루자!"

일본은 중국 대륙뿐만 아니라 동남아시아까지 손아귀에 넣는 것이 목표였어.

베트남 북부를 점령하기 시작한 일본은 주변 지역으로 세력을 뻗쳤어. 1941년에는 미국 하와이 진주만을 공격하여 태평양 전쟁을 일으킨 뒤 필리핀까지 공격해 들어왔지. 이후 태국, 싱가포르, 말레이시아, 인도네시아, 미얀마까지 점령했단다.

동남아시아 대부분을 일본이 점령하자, 동남아시아 국가들은 유럽의 지배에서 벗어날 수 있었어. 하지만 이제 유럽 대신 일본의 지배를 받게

일본군의 진주만 공격 보도 기사와 투항하는 영국군

되었지.

"대일본 제국에 저항하는 자들은 모두 잡아들여라!"

"쌀과 고무, 주석 등 지하자원을 일본으로 가져가자!"

"청년들은 모두 전쟁터로 나가도록 하라!"

우리나라를 식민지로 삼은 일본이 갖가지 생산품을 빼앗아 가고 수많은 사람을 전쟁터로 강제로 끌고 갔듯이, 동남아시아에서도 비슷한 일들을 저질렀어. 그들도 힘겨운 하루하루를 살아야 했지.

1945년에 일본이 연합국에 패하면서 동남아시아에서도 물러갔어. 이후 동남아시아 사람들은 새로운 나라를 건설하기 위해 힘을 모으기 시작했단다.

출발! 세계 속으로

말레이시아 역사를 한눈에 볼 수 있는 믈라카

믈라카는 말레이시아의 관광 도시야. 옛 도심은 유네스코 세계 문화유산이기도 하지. 믈라카 왕국이 세워진 곳으로, 15~16세기에는 해상 왕국의 근거지였어. 유럽 세력은 이곳을 차지하기 위해 앞다투어 싸움을 벌였지. 믈라카는 결국 포르투갈, 네덜란드, 영국, 그리고 2차 세계 대전 때는 일본의 지배를 받았단다.

믈라카 시내에는 동서양의 다양한 문화를 보여 주는 유적들이 곳곳에 남아 있어. 크리스트교 교회, 힌두교, 이슬람교, 불교와 도교 사원 등 각종 종교 건축물들이 있어. 중국, 포르투갈, 네덜란드, 영국 등 각 나라의 대표 건축물들도 서로 뽐내고 있지. 믈라카를 정복한 나라들이 자기가 최고임을 자랑하려는 듯 건축물을 세웠거든.

자, 이곳 네덜란드 광장에서 여행을 시작해 볼까?

네덜란드 광장

"온통 붉은색이네요. 저 건물이 가장 눈에 띄는데요."

네덜란드가 통치하던 시기에 만들어진 교회야. 저 시계탑은 영국이 이곳을 차지하고 빅토리아 여왕에게 바칠 목적으로 지은 거라고 해.

저기 언덕으로 가 볼까? 뼈대만 남은 이 건물은 포르투갈이 세운 세인트 폴 성당이야. 네덜란드와 영국에 의해 파괴되었지.

언덕 아래로 다시 내려가서 포르투갈이 쌓은 산티아고(에이 파모사) 요새를 보자꾸나. 포르투갈과 네덜란드의 치열한 전투의 흔적이구나. 명나라에서 온 정화 동상도 있다던데…….

"광장 주변만 둘러봐도 믈라카의 역사를 한눈에 본 것 같아요."

언덕 아래로 가 볼까?

세인트 폴 성당 지금은 내부 구조만 남아 있단다. 네덜란드 점령 시기에 높은 관직에 있던 사람들의 무덤으로도 사용되었어.

산티아고 요새 네덜란드가 믈라카를 점령한 후 포르투갈의 요새를 파괴했는데 이 문만 남았대.

14 서양 세력과 일본의 침입을 받은 동남아시아

한 걸음 더!

서로 다른 문화가 만나 만들어진 페라나칸

동남아시아는 동서 세계를 잇는 교차로 역할을 해. 이러한 지리적 특성 때문에 동남아시아에는 독특한 문화가 생겨났지. 그중 하나가 '페라나칸 문화'야. 페라나칸은 중국에서 건너온 사람과 말레이 반도에 살고 있던 사람이 결혼해 태어난 후손을 말해. 남자를 '바바', 여자를 '논야'라고 부르지.

15세기 무렵 남중국 상인들이 말레이시아에 건너와 이곳 여성들과 결혼했어. 그러면서 중국계 말레이시아 문화인 페라나칸 문화가 생겨났지. 여기에 유럽 세력이 침략해 오면서 포르투갈, 네덜란드, 영국 등의 문화도 더해졌단다.

바바와 논야 페라나칸 남자인 바바와 여자인 논야의 모습이야.

페라나칸 박물관 페라나칸의 출생·결혼·장례·생활·종교 등을 알 수 있는 자료들이 전시되어 있어.

페라나칸 부부의 거실

페라나칸 부부의 주방

이렇게 만들어진 문화는 어떤 모습일까?

이 문화는 서로 다른 문화가 어떻게 조화롭게 어울려 새롭게 태어나는가를 잘 보여 준단다. 중국의 전통에 말레이시아, 그리고 유럽의 전통까지 잘 섞였지.

페라나칸 문화를 간직한 대표적인 도시가 싱가포르야. 말레이시아가 영국의 식민지였을 때 수도였던 곳이지. 페라나칸들은 주로 무역을 하거나 상업을 통해 부자가 되어 싱가포르를 이끌었어.

싱가포르 거리를 걷다 보면 독특한 느낌을 받아. 중국에 온 것 같기도 하고, 유럽에 온 것 같기도 해. 유럽식 창문이 있는 건물에 중국식 무늬가 새겨져 있어. 이러한 독특한 문화는 다양한 인종이 모여 함께 살아가는 방법을 찾으면서 만들어진 거란다. 각각의 문화가 존중되면서 섞인 진정한 다문화 사회라고 볼 수 있지.

동남아시아 지역 국가에 여행 가려던 관광객들이 여행을 취소하는 일이 벌어진 적이 있어. 반정부 시위가 일어나면서 혼란스러운 상황이 되었거든. 거리마다 총을 든 군인들이 서 있는 공포스러운 모습이 펼쳐졌어. 이렇듯 동남아시아 지역은 정치적인 혼란을 비롯해 해결해야 할 과제가 많아. 동남아시아 지역의 여러 나라는 새로운 미래를 위해 어떤 노력을 기울여야 할까?

1948년
미얀마 독립

1949년
인도네시아 독립

1953년
캄보디아, 라오스 독립

1965년
싱가포르, 말레이시아에서 분리 독립

1967년
아세안(ASEAN) 설립

15 동남아시아의 현재와 미래

1976년
1회 아세안 정상회담 개최

1978년
베트남, 캄보디아 침공

1980년
인도네시아 반화교 폭동

1988년
미얀마 민중 항쟁

2014년
태국 쿠데타

2015년
아세안 경제 공동체(AEC) 출범

정치적 혼란이 계속된 태국

동남아시아의 국가 중 태국은 '관광의 나라'로 손꼽는 곳이야. 특히 수도 방콕은 수많은 관광객이 오가는 도시지. 오랫동안 독립을 유지했던 태국이지만 '쿠데타의 나라'로 불릴 정도로 정치적으로 불안했어. 태국에서는 왜 이렇게 자주 쿠데타가 일어날까?

1932년, 입헌 군주제가 실시되면서 총리가 나라를 이끌었단다. 왕은 실질적인 권한이 없어졌지만 어떤 왕은 살아 있는 부처로 불릴 정도로 존경받았어.

태국은 80여 년간 군인들이 20여 차례에 가까운 쿠데타를 일으켰어. 군인들의 힘이 워낙 강했지. 민간인 출신 총리가 부정부패를 저지르거나 자신들의 힘이 약해진다는 생각이 들면 군인들이 쿠데타를 일으켜 정권을 차지했지.

1992년에는 민주화 운동이 일어나기도 했어. 군인들이 계속해서 정치에 간섭하며 권력을 휘두르니 이에 대한 반발이 터져 나온 거야. 수많은

태국에서 일어난 쿠데타
군인들이 쿠데타를 일으켜 거리에 총을 든 군인들이 서 있구나.

노란 셔츠파와 레드 셔츠파 중국계 탁신을 상징하는 붉은색 옷을 입은 레드 셔츠파와 반대파인 노란 셔츠파가 대립하고 있어. 이를 '색깔 전쟁'이라고 부른단다.

사람이 죽고 다쳤지만, 이후 군의 정치 간섭이 약해져서 더 이상 쿠데타도 일어나지 않을 것 같았어.

 2000년대 들어서도 총선거로 기업가 출신인 탁신 총리가 선출되면서 민주화가 이루어지는 듯했어. 하지만 2006년에 군인들이 15년 만에 또다시 쿠데타를 일으켜 탁신 총리를 물러나게 했단다. 탁신은 처음에는 서민들을 위한 정치를 하는 듯했어. 하지만 시간이 지나자 나라 땅을 사서 몇 배 비싸게 되팔고, 국가 정보도 빼돌렸어. 이런 점이 쿠데타의 빌미가 된 거지.

 최근 2014년에 또다시 쿠데타가 일어났어. 탁신 총리 지지파가 그의 여동생을 내세워 부활을 꿈꾸었거든. 군인 정부는 계엄령을 선포했고, 태국은 다시 혼란스러운 상황이 되었어.

 태국 국민들이 이러한 정치적 혼란을 이겨 내고 민주화를 이뤄 내기 위해 노력하고 있으니 그 결과를 잘 지켜보자.

'피플 파워'를 보여 준 필리핀

필리핀은 에스파냐가 물러가자 아시아 최초로 민주 공화국을 세웠어. 하지만 이 공화국은 곧 미국의 손에 무너졌지. 미국의 식민 지배를 받다가 일본 점령을 겪은 후 독립했어. 이후 필리핀은 경제 성장을 이루며 '아시아의 진주'로 불리기도 했지.

하지만 1965년에 대통령이 된 마르코스가 21년간 독재 정치를 이어 갔어. 필리핀 국민들도 가만히 있지는 않았지. 마르코스의 독재에 저항하며 '피플 파워' 국민의 힘을 보여 줬단다. 1986년에는 마침내 마르코스를 물러나게 했단다. 이렇게 민주화가 이뤄지는 듯했지만 오래가지는 못했어. 정권을 차지한 사람들의 부정부패가 너무도 심했거든.

필리핀 경제도 어려웠지.

"쌀과 옥수수 대신 바나나와 사탕수수를 심어 수출합시다."

필리핀에 들어온 외국계 기업과 손잡은 필리핀 정부와 기업들은 논에 쌀 대신 바나나를 심었어. 옥수수 밭에는 사탕수수를 심었고.

필리핀의 식량 대책 요구 시위 필리핀 국민들이 식량 대책을 요구하는 시위를 벌이는 모습이야.

곳곳에 공장을 짓고 골프장을 만드느라 쌀농사 지을 땅이 점점 줄어들었어. 1년에 두 번 또는 세 번까지 벼농사를 지을 수 있는 필리핀이 결국 쌀 수입국이 되고 말았단다. 쌀값이 올라 수입도 못하고, 국민들은 굶주림에 시달렸지. 이런 틈에 지주들은 서류를 위조해 가난한 농민들의 땅을 빼앗아 버렸어. 민주화와 더불어 엄청난 빈부 격차와 가난은 필리핀이 꼭 해결해야 할 문제란다.

그렇다고 필리핀의 미래가 어둡기만 한 건 아니야. 발전 가능성이 많은 나라거든. 영어를 할 수 있는 많은 젊은이가 나라의 기둥이 되고 있어. 영어를 쓰는 나라라 유학생들이 점점 늘어나 경제에 큰 도움이 된대. 아름다운 자연환경도 관광객들을 끌어모을 수 있는 재산이란다.

필리핀의 해변 필리핀의 아름다운 자연환경은 관광객을 모으기에 좋은 자원이야.

15 동남아시아의 현재와 미래

눈부신 경제 발전을 이룬 싱가포르

싱가포르는 동남아시아가 경제적으로 뒤처져 있다는 편견을 깨주는 대표적인 나라야. 말레이 반도 남쪽 끝의 싱가포르섬과 수십 개의 작은 섬으로 이루어진 도시 국가이지.

싱가포르는 원래 한적한 어촌이었어. 그런데 영국이 믈라카를 대신할 새로운 항구로 개발하면서 북적이기 시작했지. 싱가포르는 고무와 주석 등을 수출하며 무역·금융의 중심지로 발전해 갔어.

1965년, 싱가포르는 말레이시아로부터 독립해 독자적인 나라가 되었어. 그러나 수출항의 지위를 잃은 뒤 경제는 말이 아니었어.

"좁은 땅덩어리, 부족한 천연자원……. 우리가 일어설 수 있는 방법은 오직 외국 기업이 투자할 수 있도록 만드는 것이오."

싱가포르는 정부가 주도해 성장 기반을 마련했어. 전 국민이 영어를 배우도록 했고, 외국 기업이 들어와 편안히 경제 활동을 할 수 있도록 지원했지. 정부 정책에 대한 반대나 비판은 허용되지 않았어.

무역·금융의 중심지로 발전한 싱가포르

차이나타운 중국 대륙에서 건너온 이주민들의 삶을 엿볼 수 있는 곳이야.

북미정상회담 2018년 6월 12일 미국 도널드 트럼프 대통령과 북한 김정은 위원장의 역사적인 회담이 싱가포르에서 열렸어.

"낮은 임금과 영어를 사용할 줄 아는 노동자들이 있으니, 공장을 세우기에 안성맞춤이군!"

싱가포르에 외국 기업들이 들어오고, 은행이나 증권사들도 자리를 잡기 시작했지. 3000여 개가 넘는 외국 기업이 들어왔어.

"외국 기업의 성장이 싱가포르의 성장으로 계속 이어질 수는 없소. 언제든지 철수해 버리면 그만이니."

싱가포르는 가스·수도·전기·항공 등 기반 산업을 국가에서 운영하며 나라의 경제를 튼튼히 했어. 아시아에서 1인당 국민 소득이 매우 높은 나라로 성장했단다.

하지만 문제도 많아. 경제 발전이 중요하게 여겨지면서 민주주의가 제대로 자리 잡지 못했거든. 빈부의 격차가 심하고, 중국인·말레이인·유럽인·인도인 등 다양한 인종이 모여 살게 되면서 종교와 인종 간의 갈등이 심하단다. 땅덩어리가 좁다 보니 거리는 늘 복잡하지. 이런 문제들을 어떻게 해결하느냐가 앞으로 싱가포르의 미래를 결정할 거야.

다양한 문화가 공존하는 인도네시아

1945년, 2차 세계 대전에서 일본이 패하자 인도네시아의 독립이 눈앞에 다가온 듯했어. 하지만 300여 년간 인도네시아를 지배했던 네덜란드가 쉽게 물러가지 않았어. 인도네시아는 네덜란드와 또다시 싸워야 했지. 끈질긴 투쟁 끝에 1949년에 완전 독립을 이루었단다.

오랫동안 독립 운동을 펼쳐 인도네시아의 초대 대통령이 된 수카르노는 1963년에 종신 대통령이 되었어. 그때만 해도 '인도네시아의 아버지'로 불리며 국민들의 지지를 받았기에 가능한 일이었어.

수카르노

그런데 수카르노는 오래가지 못했어. 그가 대통령직에 있는 동안 경제가 너무 어려웠거든. 수카르노는 국제 연합(UN)에서 탈퇴하고, 제국주의를 반대하며 미국과 소련 어느 진영에도 속하지 않는 비동맹 노선을 지지했어. 서서히 국민들도 돌아섰고, 수백 만 명이 희생된 공산주의자 학살이 벌어지면서 대통령에서 물러났지.

수하르토

1968년부터는 수하르토가 정권을 잡았단다. 수카르노와 달리 미국 등

이스티크랄 사원 인도네시아에 있는 동남아시아 최대의 이슬람 사원이야. 전 세계에서 세 번째로 크지.

과 친밀한 관계를 유지한 수하르토는 일곱 번이나 대통령을 하며 32년 동안 독재 정치를 지속했어. '개발의 아버지'라 불릴 정도로 눈에 띄는 경제 성장도 이루었지만 수하르토는 민주주의를 원하는 국민들을 억압했고, 가족과 친인척의 부정부패도 심했단다.

결국 수하르토를 지지하던 군인들도 돌아섰어. 1998년에 민주화 시위가 일어나면서 수하르토의 독재는 끝이 났어. 이후 몇 차례 대통령이 바뀌는 혼란이 계속되었어. 그리고 마침내 민주화를 향한 큰 발걸음을 내딛게 되었단다.

인도네시아는 세계 최대의 이슬람 국가야. 80퍼센트에 가까운 국민이 이슬람교를 믿는단다. 석유도 많이 생산되어서 석유 수출국 기구(OPEC) 회원국이지. 1980년대에 경제 개발을 추진해서 높은 경제 성장을 이루기도 했어. 하지만 여전히 빈부 격차가 심하다고 해.

"화교들이 사는 차이나타운을 불사르자!"

인도네시아에서는 여러 차례에 걸쳐서 반화교 폭동이 일어나 많은 화교가 목숨을 잃었다는구나. 인도네시아 경제의 대부분을 중국에서 건너온 화교들이 차지하고 있기 때문이지. 국민들이 누릴 이익을 화교가 모두 차지하고 있다고 생각하는 사람들이 들고일어난 거야. 최근에는 안정을 찾고 있지만 화교에게 집중된 경제력은 인도네시아가 극복해야 할 문제일 거야.

인도네시아 화교 인도네시아 제 기업의 주인은 화교란다. 화교들은 뛰어난 적응력을 보이며, 경제적인 영향력을 행사하고 있어.

인도네시아 화교 학살 인도네시아에서는 1998년 전국적인 폭동이 일어나 2000명 이상의 화교가 학살되기도 했지.

아세안과 동남아시아의 미래

"식민지에서 독립하고 나니 해결해야 할 문제가 많습니다."

독립 이후 동남아시아의 여러 문제를 해결하기 위해 1967년 동남아시아 국가 연합, 아세안(ASEAN)이 만들어졌어. 정치적인 이유에서 출발했지만 1990년대 들어서는 경제 협력의 필요성이 더욱 강조되었어.

처음에는 인도네시아, 말레이시아, 필리핀, 싱가포르, 태국 5개국이 참가했지만 이후 브루나이, 베트남, 미얀마, 라오스, 캄보디아까지 참여하게 되었지.

유럽 연합이 유럽의 경제 성장 과정에서 큰 역할을 한 것에 비하면 아세안은 아쉬움이 많아. 유럽 연합과 달리 통합의 수준이 낮았거든.

하지만 최근에는 아세안의 미래에 전 세계가 주목하고 있어.

아세안 상징기

"세계에서 가장 빠른 경제 성장이 예상되는 아세안 국가들!"

"많은 인구, 풍부한 자원, 넓은 시장 규모!"

동남아시아는 20대, 30대 인구가 많은 젊은 나라들이야. 젊은이들이 곳곳에서 일하며 미래를 밝히고 있지. 1990년대 이후 동남아시아 국가들은 빠르게 성장해 왔어.

동남아시아의 가능성을 알아본 일본과 우리나라 기업들은 동남아시아 지역으로 활발하게 진출하고 있단다.

물론 해결해야 할 문제도 많아. 빈부 격차를 줄여야 하고, 정치적인 안정과 민주화도 이뤄 내야 하지. 서로 다른 종교, 다양한 민족의 사람들을 하나로 모으는 일도 해야 하고 말이야. 그래도 서서히 정치적 안정을 이뤄 가고 있어서 앞으로 더욱 성장할 거야. 2015년에는 아세안 경제 공동체(AEC)가 출범했어. 협력과 교류를 바탕으로 밝은 미래를 향해 나아가는 동남아시아를 함께 지켜보자꾸나.

태국의 수도 방콕의 스카이라인 발전하는 동남아시아의 모습을 보여 주고 있어.

기차를 타고 말레이 반도를 여행해요

이번엔 기차를 타고 말레이 반도를 돌아볼 거야. 신난다고? 조금 고생스러울지도 몰라. 기차를 타고 며칠을 달려야 하거든. 중간에 갈아타는 일도 있을 수 있고. 시베리아 횡단 철도의 5분의 1밖에 안 되는 거리지만, 동남아시아 특유의 멋을 느낄 수 있을 거야. 얼른, 기차 타러 가자. 태국의 방콕에서 출발!

방콕의 북서쪽 칸차나부리에는 콰이강의 다리가 있어. 이 다리는 아주 유명해. 이 다리에는 슬픈 역사가 담겨 있거든. 〈콰이강의 다리〉라는 영화도 만들어졌지. 이 철도는 2차 세계 대전 때 일본이 전쟁 물자를 나르기 위해 미얀마에서 태국의 방콕까지 건설한 철도의 일부야. 일본군의 포로가 된 수많은 연합군과 강제로 끌려온 노동자들이 이 철로를 건설했단다. 당시 끌려온 포로와 노동자들은 밥도 제대로 먹지 못하고 고된 일을 해야 했어. 도망치다 붙잡혀 모진 고문을 당하기도 했대. 참 슬픈 일은 일제 강점기에 끌려온 한국 사람들이 이곳에서 포로를 감시하는 일을 했다는 거야.

이렇듯 역사 속에는 우리가 예상치 못한 안타까운 일들이 늘 자리하고 있단다.

이번에 들를 곳은 말레이시아 페낭이야. 자, 내려서 이동하자. 여기가 페낭의 중심지인 조지타운이란다. 골목을 따라 들어가 볼까? 어? 유교 사원이네. 크리스트교 교회와 불교 사원도 있구나. 힌두교 사원도. 마치 무슨 종교 박물관에 온 것 같지 않니? 지금은 말레이시아가 이슬람 국가이지만 과거 다양한 세력이 거쳐 갔기 때문에 이렇게 다양한 종교 사원을 볼 수 있는 거란다.

저건 카피탄 클링 모스크야. 이슬람 사원이지. 서남아시아의 모스크에 비해 작고 소박하지만, 하얀 건물의 지붕에 모스크식 돔이 살포시 얹혀 있는 모습이 정말 아름답구나. 무슬림이 아니어도 예의에 어긋나는 복장이 아니면 들어가서 볼 수 있다는구나.

콰이강의 다리를 달리는 철도

어느새 마지막 도착지인 싱가포르네. 번쩍거리는 싱가포르의 밤 풍경은 언제나 여행객들을 사로잡는단다. 멋지지?

이번 여행은 어땠니? 말레이 반도를 한눈에 본 것 같지?

싱가포르의 밤 풍경

카피탄 클링 모스크 인도, 이슬람풍의 사원으로 정원과 밖의 풍경이 아름답단다.

어린이들의 세계사

킬링 필드에 묻힌 캄보디아 어린이들

캄보디아 수도 프놈펜에서 조금 떨어진 곳에 킬링 필드 현장이 있어. 수많은 사람이 죽임을 당한 뒤 한꺼번에 묻힌 곳이어서, '킬링 필드(죽음의 뜰)'라는 이름이 붙었지. 그런데 특이한 나무 앞에 어린이들을 사형한 곳이라는 팻말이 하나 세워져 있어. 어린이들이 왜 이 나무에서 죽어 간 걸까?

인도차이나 반도에서 공산주의 확산을 막는다는 구실로 미국은 캄보디아에 1970년부터 엄청나게 폭탄을 퍼부었지. 공산주의를 받아들인 폴 포트는 미국에 거세게 저항했어. 폴 포트가 이끄는 무장 단체인 크메르 루주는 미국의 지원을 받던 친미 정권을 몰아내고 정권을 차지했단다.

"농민들의 천국을 만들겠소."

킬링 필드 위령탑 위령탑에는 비참하게 죽어 간 캄보디아 국민들의 유골이 쌓여 있어. 송곳 같은 것에 찔려 구멍이 뚫린 유골도 있단다.

어린이들이 죽어 간 나무 여행객들이 이 나무에 팔찌를 걸어 놓고 넋을 위로한단다.

사람들을 집단적으로 묻은 웅덩이 움푹 파인 곳이 사람들의 시체를 한꺼번에 묻었던 곳이야.

폴 포트는 강력한 개혁 정책을 펼쳤어. 도시 사람들을 농촌으로 강제 이주시키고, 개인의 재산도 인정하지 않았어. 시장과 화폐 사용도 금지하고, 종교도 인정하지 않았단다. 어린이들은 국가가 키워야 한다며 부모와 떨어져 살게 했지.

"개혁 정책에 반발하는 사람들은 누구든 처형하라!"

크메르 루주 정권은 특히 의사, 변호사, 교수 등 지식인들을 모두 잡아 죽였어. 안경 낀 사람, 손에 굳은살이 없는 사람, 얼굴이 하얀 사람, 외국 물건을 가진 사람도 모조리 찾아 남김없이 죽였지.

4년여 동안 전 인구의 4분의 1에 가까운 200여 만 명이 무참히 죽어 갔어. 8만여 명의 어린이들도 이유를 모른 채 죽어 갔지. 끔찍한 방법으로 사람을 죽이고, 산 채로 땅에 묻어 버리기도 했대.

킬링 필드의 비극은 생각이 다른 사람들을 인정하지 않는 데서 비롯되었어. 한 가지 이념에 대한 무조건적인 믿음이 가져온 끔찍한 일이었지. 그 속에서 어린이들의 인권마저 송두리째 짓밟힌 거야.

한 걸음 더!

다양한 인종과 문화가 어우러진 오스트레일리아

넓은 초원에서 뛰노는 캥거루가 떠오르는 나라, 오스트레일리아로 가 볼까? 호주라고도 불리는 오스트레일리아는 적도 부근 남반구에 있는 나라로 국토의 70퍼센트가 사막이야. 대부분의 도시가 남동부 해안 지역에 있어. 그런데 이 나라 국기에는 영국 국기가 들어 있어. 국가 원수는 영국 여왕이야. 왜 그럴까? 오스트레일리아의 역사를 살펴보면 자연스럽게 알 수 있게 될 거야.

오스트레일리아에는 수만 년 전부터 원주민들이 자신들의 문화를 이루며 평화롭게 살고 있었어. 1600년대 이르러 유럽인들에게 알려졌고, 1770년경 영국의 제임스 쿡 선장이 식민지로 삼았지. 이후 영국에서는 죄수들을 보냈고, 백인들이 건너와 살게 되었어.

울루루 세계의 배꼽이라고 불리는 세계에서 가장 큰 바위야.

1850년대에 금광이 발견되면서 더 많은 백인들이 몰려왔고, 이민자들은 점점 늘었어. 그중에는 유색 인종도 많았지. 원주민들은 오랫동안 살아온 자신들의 땅을 내주고, 목숨마저 빼앗겼어. 1901년, 오스트레일리아 연방이 탄생했고, 이후 영국으로부터 독립했어.

멜버른 이민 박물관 이민자의 나라인 오스트레일리아의 이민의 역사를 한눈에 볼 수 있는 박물관이지.

"유색 인종들이 몰려와 일자리가 부족하고, 임금도 낮아졌소. 백인 이외의 인종, 특히 아시아 인종의 이민을 금지시킵시다."

백인들은 오스트레일리아를 그들만의 나라로 만들기 위해 '백호주의'를 내세웠어. 원주민들에 대한 차별도 더욱 심해졌지.

오스트레일리아는 농축산물과 지하자원을 수출하고, 공업을 발전시키며 경제적인 발전도 이루었어. 이와 함께 많은 변화가 일어났지. 백호주의를 폐지하고, 아시아인들을 비롯해 다양한 인종의 이민이 늘면서 다민족 다문화 국가가 되었단다. 원주민들은 차별에 맞서 자신들의 권리를 찾으려고 노력하고 있어. 영국으로부터 완전히 독립한 나라를 만들려는 움직임도 있지.

오스트레일리아는 앞으로 다양한 인종과 문화가 어우러지기 위해 서로 존중하며 살아가려는 노력을 해야 할 거야.

시드니 오페라 하우스 세계적인 공연장으로 세계에서 가장 아름다운 건축물 중 하나야.

연표

인도·동남아시아

B.C
8000년경	신석기 문화의 시작
2500년경	인더스 문명 발생
1500년경	아리아인, 인더스강 유역으로 이동
800년경	브라만교, 카스트 제도 성립
7세기경	반랑국 건국
527년	불교 탄생
327년	알렉산드로스, 인더스강 유역 침입
4세기경	마우리아 왕조 성립
207년	남비엣 건국
185년	마우리아 왕조 몰락
111년	남비엣 멸망

A.D
40~43년	쯩짝·쯩니 자매 저항 운동
1~2세기경	푸난 성립
100년경	쿠샨 왕조 카니슈카 왕 즉위
250년경	쿠샨 왕조 몰락
320년경	굽타 왕조 성립
415년경	흉노족 인도 북서부 침입
679년	북부 베트남, 당나라에 정복당함
7세기경	스리위자야 왕조 성립
802년	캄보디아 앙코르 왕조 성립
871년	촐라 왕조 부흥
939년	북부 베트남 중국에서 독립
1009년	리 왕조 성립
1044년	미얀마, 파간 왕조 성립
1206년	아이바크, 델리 술탄 왕조 건립
1225년	쩐 왕조 성립
1279년	촐라 왕조 멸망
13세기	타이, 수코타이 왕조 성립
14세기경	타이, 아유타야 왕조 성립, 스리위자야 왕조 멸망
1400년경	믈라카 왕국 성립
1407년	명나라, 베트남 지배(~1427년)
1428년	레 왕조 성립
1431년	앙코르 왕조 멸망

우리나라

B.C
1만 년 전	농경과 목축 시작
70만 년 전	구석기 시대
8000년경	신석기 시대
3000년경	청동기 시대
2333년	고조선 건국
500년경	철기 문화 보급
194년	위만 조선 성립
108년	고조선 멸망
57년	신라 건국
37년	고구려 건국
18년	백제 건국

A.D
313년	고구려, 낙랑군 몰아냄
372년	고구려, 전진에서 불교 전래 국립 대학인 태학 설치
384년	백제, 동진에서 불교 전래
427년	고구려, 평양으로 수도 옮김
494년	부여, 고구려에 복속
503년	신라, 국호와 왕호 정함
527년	신라, 불교 공인
538년	백제, 사비로 수도 옮김
612년	고구려, 살수대첩
645년	고구려, 안시성에서 당군에 승리
660년	백제 멸망
668년	고구려 멸망
676년	신라, 당군 몰아내고 삼국 통일
685년	신라, 9주 5소경 설치
698년	옛 고구려 땅에 발해 건국
828년	장보고, 청해진 설치
900년	견훤, 후백제 건국
901년	궁예, 후고구려 건국
918년	왕건, 고려 건국
926년	발해 멸망
935년	신라 멸망

유럽·아메리카

B.C

850년경	그리스, 폴리스 형성
776년	올림피아 제전 시작
753년	로마 건국
510년경	로마 공화정 수립
500년경	아테네, 도편 추방제 실시
492년	그리스·페르시아 전쟁 시작
431년	펠로폰네소스 전쟁 시작
338년	마케도니아, 그리스 정복
330년	알렉산드로스, 페르시아 정복
264년	포에니 전쟁(~기원전 146년)
27년	옥타비아누스, 황제 즉위
4년	예수 탄생

A.D

313년	크리스트교 인정
375년	게르만족 대이동
395년	로마 제국, 동로마와 서로마로 나뉨
476년	서로마 제국 멸망
481년경	프랑크 왕국 건설
800년	교황, 샤를마뉴를 서로마 제국 황제로 인정
900년 전후	노르만족 대이동
1054년	크리스트교, 동·서 교회로 분리
1075년	교황, 성직 임명권 주장
1077년	카노사의 굴욕
1088년	최초의 대학, 볼로냐 대학 설립
1096년	십자군 전쟁(~1270년)
1265년	단테 탄생
1309년	아비뇽 유수(~1377년)
1313년경	보카치오 탄생
1337년	영국과 프랑스, 백년 전쟁(~1453년)
1347년	흑사병 유행(~1351년)
1452년	레오나르도 다빈치 탄생
1453년	비잔티움 제국 오스만 제국에게 멸망
1455년	영국, 장미 전쟁(~1485년)
1466년	에라스뮈스 탄생

중국·일본

B.C

170만 년	윈난성에서 위안머우인 등장
50만 년	베이징인 등장
1만 년경	조몬 시대 시작
5000년경	반포에 신석기 마을 형성
1600년경	상나라 건국
1046년	상나라 멸망, 주나라 성립
770년	주나라 동쪽으로 피난 춘추 시대 시작
403년	전국 시대 시작
3세기경	야요이 시대 시작
221년	진나라 중국 통일
202년	한나라 건국
139년	장건, 서역 파견

A.D

25년	후한 건국
184년	황건적의 봉기
220년	후한 멸망 위·촉·오 삼국 시대 시작
3세기경	야마타이국 수립
316년	5호 16국 시대 시작
4~6세기경	야마토 정권 수립
439년	북위, 화북 통일 남북조 시대 시작
589년	수나라 중국 통일
593년	쇼토쿠 태자의 통치
618년	당나라 건국
645년	다이카 개신
673년	덴무 덴노 즉위
710년	헤이조쿄로 수도 옮김(나라 시대)
752년	도다이지 다이부츠 완성
755년	안록산의 난
794년	헤이안쿄로 수도 옮김(헤이안 시대)

서아시아·아프리카

B.C

4000년경	메소포타미아 문명 시작
3500년경	이집트 문명 시작
3100년경	메소포타미아에서 청동기 시대 시작
3000년경	상·하이집트 통일
2500년경	이집트에서 최초의 피라미드 건설
2330년경	사르곤 왕, 아카드 왕국 세움
1800년	함무라비 왕, 메소포타미아 통일
800년경	반투 민족, 아프리카에 퍼져 나감
700년경	스키타이 등장
671년	아시리아, 메소포타미아 이집트 통일
559년	아케메네스 페르시아 건국
525년	페르시아, 이집트 정복
330년	페르시아 멸망
200년	흉노, 한나라 유방의 군대를 물리침
40년경	흉노, 동·서로 갈라짐

A.D

226년	사산 페르시아 건국
325년	악숨 왕국, 크리스트교를 공식 종교로 선포
375년	훈족, 게르만족 공격
400년경	가나 왕국 출현
552년	돌궐(튀르크) 건국
570년경	무함마드, 메카에서 태어남
610년경	이슬람교 탄생
622년	무함마드와 제자들, 메디나로 탈출(헤지라)
630년	(동)돌궐, 당나라에게 멸망
632년	무함마드 사망
651년	사산페르시아 멸망
661년	우마이야 왕조 시작
711년	이슬람 군대, 에스파냐 정복
750년	아바스 왕조 시작
751년	탈라스 전투
909년	이집트, 파티마 왕조 시작

인도·동남아시아

1498년	바스쿠 다 가마 캘리컷 도착
16세기	미얀마, 퉁구 왕조 성립
1526년	바부르, 무굴 제국 건설
1556년	아크바르 즉위
1565년	필리핀, 에스파냐의 식민지가 됨
1600년	인도 동인도 회사 설립
1605년	자한기르 즉위
1627년	샤자한 즉위
1632년	무굴 제국, 타지마할 건립 시작
1658년	아우랑제브 즉위
18세기	타이, 짜끄리 왕조 성립
1757년	플라시 전투
1802년	응우옌 왕조 건국
1804년	국호를 베트남으로 정함
1857년	세포이 항쟁 시작
1858년	무굴 제국 멸망, 프랑스 베트남 지배
1863년	캄보디아, 프랑스의 식민지가 됨
1877년	영국령 인도 제국 수립
1885년	인도 국민 회의 창립
1887년	프랑스령 인도차이나 연방 성립
1892년	필리핀 연맹 결성
1893년	라오스, 프랑스의 식민지가 됨
1898년	필리핀, 에스파냐로부터 독립
1901년	필리핀, 미국의 식민지가 됨
1905년	벵골 분할 반대 운동, 인도 자치 운동
1906년	무슬림 연맹 창립
1914년	1차 세계 대전이 일어남
1919년	간디, 불복종 운동 전개
1930년	네루, 인도 완전 독립 선언
1939년	2차 세계 대전이 일어남
1940년	일본, 베트남 점령
1942년	일본, 필리핀 마닐라 점령
1943년	필리핀 제2공화국 탄생
1945년	캄보디아, 라오스 독립, 베트남 민주공화국 탄생
1946년	베트남, 프랑스 전쟁(1차 인도차이나 전쟁)
1947년	인도와 파키스탄, 각각 임시 정부 수립
1948년	마하트마 간디 사망, 스리랑카 분리 독립, 미얀마 독립
1949년	인도네시아 독립
1951년	인도 연방 공화국 건국, 네루 총리 취임
	인도, 경제 개발 5개년 계획 실시
1954년	베트남, 프랑스를 몰아냄

우리나라

936년	고려, 후삼국 통일
958년	과거제 실시
993년	요의 1차 침입, 고려의 강동 6주 획득
1019년	귀주 대첩
1033년	천리장성 축조
1107년	윤관, 여진 정벌
1126년	이자겸의 난
1135년	묘청의 서경 천도 운동
1170년	무신정변
1198년	만적의 난
1231년	몽골의 1차 침입
1232년	강화도로 수도를 옮김
1270년	개경으로 환도, 삼별초의 대몽 항쟁
1376년	최영, 왜구 토벌
1388년	이성계, 위화도 회군
1389년	박위, 쓰시마섬 정벌
1392년	고려 멸망, 조선 건국
1394년	조선, 한양 천도
1402년	호패법 실시, 무과 설치
1446년	훈민정음 반포
1510년	3포 왜란
1592년	임진왜란, 한산대첩
1608년	경기도에 대동법 실시
1609년	일본과 기유약조 체결
1623년	인조반정
1624년	이괄의 난
1627년	정묘호란
1636년	병자호란
1678년	상평통보 주조
1696년	안용복, 독도에서 일본인들을 쫓아냄
1708년	대동법, 전국적으로 확대 실시
1725년	탕평책 실시
1750년	균역법 실시
1811년	홍경래의 난
1860년	최제우, 동학 창시
1866년	병인박해, 병인양요
1871년	신미양요
1876년	강화도 조약 체결
1882년	임오군란, 미국·영국·독일 등과 통상 조약 체결
1884년	우정국 설치, 갑신정변

유럽·아메리카		중국·일본		서아시아·아프리카	
1475년	미켈란젤로 탄생	894년	견당사 마지막 파견	1037년	셀주크 튀르크 왕조 일어남
1478년	토머스 모어 탄생	907년	당 멸망, 5대 10국 시대 시작	1071년	셀주크 튀르크, 동로마 제국 격파
1479년	에스파냐 왕국 탄생	916년	거란국(요나라) 건국	1099년	1차 십자군, 예루살렘 함락
1483년	라파엘로 탄생	960년	송나라 건국	1169년	이집트, 아이유브 왕조 건국
1492년	콜럼버스, 아메리카 대륙 도착	1115년	금나라 건국	1200년경	말리 왕국 발전
1498년	바스쿠 다 가마, 인도의 캘리컷 도착	1127년	북송 멸망, 남송 성립	1200~1300년경	그레이트 짐바브웨 출현
1517년	루터, 95개 조 반박문 발표	1192년	가마쿠라 바쿠후 성립	1206년	테무친, 칭기즈 칸이 됨
1519년	마젤란, 세계 일주 항해 시작	1206년	칭기즈 칸, 몽골 제국 수립	1227년	칭기즈 칸 사망
1521년	에스파냐, 아스테카 제국 정복	1271년	쿠빌라이, 원나라 건국	1279년	몽골, 중국(송)을 완전 정복
1522년	마젤란의 선원, 세계 일주 항해 성공	1274년	고려·원 연합군의 1차 침입	1299년	오스만 튀르크 건국
1533년	에스파냐, 잉카 제국 정복	1279년	남송 멸망, 원나라 중국 통일	1368년	원나라, 명나라에게 패하여 몽골 초원으로 쫓겨 감
1534년	헨리 8세, 영국 국교회 수립	1333년	가마쿠라 바쿠후 멸망		
1562년	프랑스, 위그노 전쟁(~1598년)	1336년	무로마치 바쿠후 수립	1395년	티무르 제국, 서아시아 통일
1568년	네덜란드 독립 전쟁(~1648년)		중국, 남북조 분열	1402년	티무르 제국, 오스만 튀르크 군대 격파
1588년	에스파냐, 영국 함대에게 패배	1368년	명나라 건국	1445년	포르투갈, 서아프리카 황금 해안에 요새를 건설
1618년	독일, 30년 전쟁(~1648년)	1392년	중국, 남북조 통일		
1642년	영국, 청교도 혁명(~1649년)	1405년	정화의 원정 시작	1453년	오스만 튀르크가 콘스탄티노플 정복 비잔티움 제국 멸망
1643년	프랑스, 루이 14세 즉위	1429년	중국, 베이징으로 수도 옮김		
1688년	영국, 명예 혁명	1467년	오닌의 난	1501년	이란, 사파비 왕조 건국
1703년	러시아 표트르 대제, 상트페테르부르크 점령	1573년	무로마치 바쿠후 멸망	1510년	아프리카 흑인 노예, 처음으로 아메리카에 도착
		1590년	도요토미 히데요시, 전국 통일		
1733년	존 케이, 천 짜는 기계 발명	1592년	임진왜란 시작	1541년	오스만 튀르크, 헝가리 정복
1740년	오스트리아, 마리아 테레지아 즉위	1603년	도쿠가와 이에야스, 에도 바쿠후 수립	1546년	송가이, 말리 멸망시킴
1747년	프로이센 프리드리히 2세, 상수시 궁전 건설			1571년	레판토 해전 포르투갈, 앙골라에 식민지 건설
		1616년	후금 건국		
1764년	하그리브스, 실 뽑는 기계 발명	1635년	산킨고타이 제도 확립	1652년	네덜란드, 희망봉에 정착
1769년	와트, 증기 기관 발명	1644년	명나라 멸망, 청나라의 중국 지배	1818년	샤카, 줄루 왕국 건설
1773년	미국, 보스턴 차 사건	1688년	겐로쿠 문화 전성기(~1703년)	1826년	예니체리 폐지
1775년	미국 독립 전쟁(~1783년)	1757년	청나라 신장 위구르로 영토 확장	1830년	그리스, 오스만 튀르크에서 독립
1776년	미국, 〈독립 선언서〉 발표	1787년	간세이 개혁	1839년	탄지마트 시작
1789년	미국 연방 공화국 탄생, 조지 워싱턴 초대 대통령 취임	1811년	마지막 조선통신사 일본에 옴	1879년	줄루 전쟁
		1840년	아편 전쟁	1880년	1차 보어 전쟁
1789년	프랑스, 바스티유 감옥 습격, 〈인권 선언〉 채택	1854년	일미 화친 조약 맺고 문호 개방	1896년	에티오피아의 황제 메넬리크 2세, 이탈리아를 물리침
		1860년	영·프 연합군 베이징 점령		
1792년	유럽 여러 나라, 프랑스와 전쟁 시작		양무운동 시작	1898년	파쇼다 사건
1793년	프랑스, 루이 16세 처형	1868년	메이지 정부 수립	1899년	2차 보어 전쟁 시작
1804년	나폴레옹 황제 즉위, 《나폴레옹 법전》 편찬	1889년	대일본제국헌법 제정	1908년	청년 튀르크당 혁명
		1894년	청일 전쟁	1914년	1차 세계 대전, 오스만 튀르크가 독일 편에서 참가하여 패배(~1917년)
1804년	아이티, 공화국으로 독립	1898년	변법자강 운동 시작		
1805년	프랑스 해군, 영국에게 패배	1899년	의화단 운동	1920년	무스타파 케말, 앙카라에서 대국민 의회 개최
1807년	풀턴, 증기선 발명	1904년	러일 전쟁		

인도·동남아시아		우리나라	
1964년	네루 사망	1895년	을미사변
1965년	싱가포르, 말레이시아에서 독립	1897년	대한 제국 성립
1966년	인디라 간디 총리 취임	1905년	을사조약
1967년	아세안(ASEAN) 설립	1910년	국권 피탈
1969년	호찌민 사망	1919년	3·1 운동, 대한민국 임시 정부 수립
1973년	베트남, 미군 철수	1926년	6·10 만세운동
1975년	북베트남군의 사이공 점령	1929년	광주 학생 항일 운동
1976년	1회 아세안 정상회담 개최	1940년	한국광복군 창설
1978년	베트남, 캄보디아 침공	1945년	8·15 광복
1984년	자유화, 개방화 경제 정책 실시	1948년	5·10 총선거, 대한민국 정부 수립
			북한, 조선민주주의 인민공화국 수립
1986년	도이 머이 정책 실시	1950년	한국 전쟁 발발
1988년	미얀마 민중 항쟁	1960년	4·19 혁명
2004년	인도 국민회의 집권	1972년	7·4 남북공동성명, 10월 계엄령 선포
2014년	태국 쿠데타	1980년	5·18 광주 민주화 운동
2015년	아세안 경제 공동체(AEC) 출범	1987년	6월 항쟁, 6·29 선언
			대통령 직선제 실시
		1988년	서울올림픽 개최
		1991년	남·북한, 국제 연합 동시 가입
		1992년	한·중 수교, 베트남과 수교
		1993년	김영삼 정부 수립, 금융실명제 실시
		1998년	김대중 정부 출범
		2000년	6·15 남북공동선언
			김대중, 노벨평화상 수상
		2002년	한·일 월드컵 개최
		2003년	노무현 정부 출범
		2005년	아시아·태평양 경제협력체 정상 회의 개최
		2007년	2차 남북 정상 회담
		2008년	이명박 정부 출범
		2013년	박근혜 정부 출범
		2017년	문재인 정부 출범

유럽·아메리카	중국·일본	서아시아·아프리카

유럽·아메리카

1811년	베네수엘라 독립
1812년	나폴레옹, 러시아 원정 실패
1814년	나폴레옹, 엘바섬으로 쫓겨남
1818년	칠레 독립
1819년	콜롬비아 독립
1822년	에콰도르 독립
1823년	미국, 〈먼로 선언〉 발표
1830년	스티븐슨, 증기 기차 운행
1837년	모스, 전보 발명
1848년	마르크스, 《공산당 선언》 발표
1860년	링컨, 대통령 당선
1861년	남북 전쟁(~1865년)
1863년	게티즈버그 전투, 링컨 노예 해방 선언
1869년	대륙 횡단 철도 완성
1876년	벨, 전화기 특허 받음
1914년	1차 세계 대전(~1918년)
1917년	러시아 혁명
	미국, 1차 세계 대전 참가
1918년	독일, 연합국에 항복
1919년	파리 강화 회의
1920년	국제 연맹 창설
1922년	소련(소비에트 사회주의 공화국 연방) 탄생
1929년	경제 대공황
1939년	2차 세계 대전(~1945년)
1945년	국제 연합(UN) 탄생
1949년	독일 분단
1959년	쿠바, 사회주의 정부 수립
1968년	소련, 체코슬로바키아 민주화 운동 진압
1989년	미국과 소련, 냉전 종결 선언
1990년	독일 통일
1992년	소련 해체, 독립 국가 연합(CIS) 결성
1993년	유럽 연합(EU) 탄생
1995년	세계 무역 기구(WTO) 결성
2001년	미국, 뉴욕 세계 무역 센터 피폭

중국·일본

1910년	일본, 대한 제국 병합
1911년	신해혁명
1912년	중화민국 수립
1919년	5·4 운동, 베르사유 조약 체결
1921년	중국 공산당 창립
1923년	간토 대지진
1924년	1차 국공 합작
1928년	중국, 북벌 완수
1931년	만주 사변, 일본의 만주 침략
1933년	일본, 국제연맹 탈퇴
1934년	중국 공산당 대장정 완료
1937년	중일 전쟁 시작, 2차 국공 합작 난징 대학살
1941년	태평양 전쟁 시작
1945년	히로시마와 나가사키에 원자폭탄 투하, 일본 패전
1946년	일본국헌법(평화헌법) 공포
1947년	중국, 국공 내전
1949년	중화인민공화국 수립
1955년	일본, 자유민주당(자민당) 결성
1958년	중국, 대약진 운동 시작
1964년	도쿄 올림픽 개최
1966년	중국, 문화 대혁명 시작
1971년	중국, 유엔 가입
1972년	중·일 국교 수립
1978년	중국, 개혁 개방 정책 본격화
1989년	톈안먼 사태
1992년	일본, 거품 경제 붕괴
1993년	일본, 자민당 최초 정권 상실
1997년	홍콩 반환
2008년	베이징 올림픽 개최
2011년	도호쿠 대지진, 후쿠시마 원전 참사

서아시아·아프리카

1923년	로잔 조약으로 터키 공화국 탄생 케말 아타튀르크가 대통령이 됨
1925년	이란, 카자르 왕조가 멸망 팔레비 왕조 시작
1932년	사우디아라비아 수립 이라크 왕국 독립
1948년	이스라엘 건국, 1차 중동 전쟁
1956년	수에즈 위기, 2차 중동 전쟁
1960년	아프리카 17나라 독립
1964년	팔레스타인 해방 기구(PLO) 조직
1973년	4차 중동 전쟁, 1차 석유 파동
1979년	이란 혁명, 소련이 아프가니스탄 침공
1980년	이란·이라크 전쟁(~1988년)
1990년	이라크, 쿠웨이트 침공
1991년	걸프 전쟁, 소련 붕괴
1994년	넬슨 만델라, 남아프리카 공화국 최초의 흑인 대통령에 당선 르완다 내전
2001년	9·11 테러 발생 미국이 아프가니스탄 침공
2003년	미국과 다국적군, 이라크 침공
2011년	아랍의 봄, 북아프리카 국가에 민주주의 시위

찾아보기

ㄱ
간다라 40, 41
간디 89, 98, 103
굽타 왕조 44, 45
껀브엉 운동 148

ㄴ
나나크 49
남비엣 121, 145
내원교 138
네루 89, 102, 104
넛쭈사 136
녹색 혁명 106, 107
논야 215
뉴델리 80

ㄷ
대나무 외교 206
대승 불교 37
대월 132, 133, 134
《대월사기》 137
델리 술탄 왕조 48
도이머이 정책 165
동썬 문화 121
동인도 회사 72, 73
디엔 비엔 푸 153
떼즈 96

ㄹ
《라마야나》 47, 54
라오스 147

락 롱꿘 120
락슈미바이 82, 83
랄 킬라 80
람 모한 로이 97
레 왕조 134, 144
리 왕조 133

ㅁ
《마누 법전》 47
마르코스 220
마우리아 왕조 34, 35
마하바라타 47
모헨조다로 17, 18
무굴 제국 58, 59, 63
뭄마즈마할 66
믈라카 194, 195, 212
미선 유적 125

ㅂ
바라나시 24
바바 214
바부르 58, 68
바이샤 22, 30, 31
반랑국 121
《베다》 23
베트남 광복회 149
베트남 독립 독맹 151, 152
베트남 사회주의 공화국 164
베트콩 162, 163
벵골 분할령 87
보로부두르 186, 187
보티사우 156, 157
부엇낙 199

불가촉천민 22
불교 32, 33
브라만 22
브라만교 22, 23
비동맹 외교 정책 105
비엣남 145
빅토리아 여왕 78

ㅅ
산치 대탑 35
상좌부 불교 37
샤일렌드라 왕조 183
샤자한 60, 66
세포이 항쟁 77
수드라 22
수리아바르만 2세 181
수카르노 224
수코타이 왕조 190
수하르토 224
스리랑카 110, 111
스리위자야 왕조 182
스와데시 87
스와라지 87
시바 25, 55
시암 190
시크교 49
신할리즈 왕조 110
싯타르타 32, 33
싱가포르 222, 223

ㅇ
아그라성 62
아기날도 208, 209

아리아인 20, 21
아소카 왕 34, 35
아우랑제브 64
아유타야 왕조 181, 196, 197
아잔타 석굴 52, 53
아크바르 58, 59
암베드카르 91
앙코르 와트 184, 185
앙코르 왕조 180, 181
어우 꺼 120
엘로라 석굴 52, 53
올드델리 80
《왕오천축국전》 114
응우옌 신꿍 174
이용상 140
이크발 112, 113
인더스 문명 16, 17, 19
인도 국민 회의 86
인도 통치법 92

자마 마스지드 81
자한기르 60
정화 215
제3세계 105
조혼 96, 97
지정 카스트 108
진랍 179
짜끄리 왕조 191
쩐 왕조 133
쭐랄롱꼰 207
쯔놈 137

찬드니 초크 80
찬드라굽타 2세 44
참파 왕조 124
촐라 왕조 50, 51

카니슈카 왕 36
카르티니 209
카슈미르 103
카스트 제도 22
카피탄 켈링 모스크 229
캄보디아 147
코친차이나 147
콜카타 94
쿠샨 왕조 36, 37
크메르 루즈 231
크샤트리아 22, 30, 31
킬링 필드 230
킴푹 172, 173

타지마할 62, 66, 67
탁신 219

ㅍ

파간 왕조 192
판보이쩌우 149
판쩌우찐 149
페라나칸 214, 215
폴 포트 230

푸난 178
푸루샤 26, 27
플라시 전투 72
필리핀 221

ㅎ

하노이 126
하노이 문묘 168
하라파 17
하이 바 쯩 128, 129
혜초 114
호세 리살 208
호안끼엠 135
호이안 138, 139
호찌민 150, 174, 175
후마윤 68
훙 브엉 121
힌두교 46, 47

1판 1쇄 발행일 2018년 7월 23일
1판 9쇄 발행일 2025년 2월 10일

지은이 전국역사교사모임
그린이 송진욱

발행인 김학원
발행처 휴먼어린이
출판등록 제313-2006-000161호(2006년 7월 31일)
주소 (03991) 서울시 마포구 동교로23길 76(연남동)
전화 02-335-4422 **팩스** 02-334-3427
저자·독자 서비스 humanist@humanistbooks.com
홈페이지 www.humanistbooks.com
유튜브 youtube.com/user/humanistma
페이스북 facebook.com/hmcv2001
인스타그램 @human_kids

편집 박민영 김수영 **디자인** 유주현 림어소시에이션 **사진 제공** 연합뉴스 셔터스톡
용지 화인페이퍼 **인쇄** 삼조인쇄 **제본** 해피문화사

글 ⓒ 전국역사교사모임, 2018

ISBN 978-89-6591-354-2 74900
ISBN 978-89-6591-347-4 74900(세트)

• 저작권자를 찾지 못해 게재 허락을 받지 못한 일부 사진에 대해서는 저작권자가 확인되는 대로 허락을 받고 사용료를 지불
  하도록 하겠습니다.
• 이 책은 저작권법에 따라 보호받는 저작물이므로 무단 전재와 무단 복제를 금합니다.
• 이 책의 전부 또는 일부를 이용하려면 반드시 저작권자와 휴먼어린이 출판사의 동의를 받아야 합니다.
• **사용 연령 8세 이상** 종이에 베이거나 굵히지 않도록 조심하세요. 책 모서리가 날카로우니 던지거나 떨어뜨리지 마세요.